공짜로 취업에
성공하기

서시영 지음

박영사

동네 어귀 한 모퉁이에 목련 꽃망울이 터지려 하고 있다.
세상은 어지러워도 계절은 어김없이 다시 찾아왔다.
주변의 어지러움과 이에 맞서려는 멘탈이 자리싸움으로 하루가 지나
간다.
어디에 구심점을 두어야 할지 몰라 표류하는 시간이 길어지고 있다.
이러는 사이 세계화는 긍정적인 면보다는 부정적인 상황으로 빠져들
고 이를 방관해야 하는 우리의 자세는 참으로 괴로운 일의 연속으로
내몰리고 있다. 코로나로 전 세계가 깊은 시름에 빠져 헤어나지 못하
고 있음을 바라만 볼 수밖에 없지 않은가!

이런 힘든 환경이 우리의 발목을 잡고 앞으로 나아가려는 추진력을 봉
쇄하고 있다.
날개를 잃고 기약 없는 미래를 바라보는 청춘들의 가슴속은 이미 잿
가루로 가득 찼다.
그래도 새로운 도전은 이이겨야 하고 또 그렇게 움직여 가야 한다.

세상은 언제나 보기보다는 살만한 곳이었음을 우리는 몸으로 부딪치
며 깨우쳐 왔다.
절망이 사방에 널려 있지만 희망의 빛이 우리 곁을 지키고 있음은 무
척 고무적인 일이다.
자포자기의 마인드를 강한 정신력으로 바꾸는 작업이 절대적으로 필
요한 시기이다.

사회진출의 문턱에서 절규하는 많은 청춘들에게 살아 있는 메시지를
전달하려 한다.
예나 지금이나 세상은 누구에게나 공평하게 기회를 제공해 왔다.
우리가 미처 눈치채지 못하고 지나쳐 버렸기 때문이지 분명한 근거는
쌓여 있다.
그 근거들을 있는 그대로 펼쳐 놓고 청춘들과 이야기 하는 시간을 갖
고자 한다.

20년 가까이 마케팅 강의를 해오고, 10여 년 넘게 청춘들의 사회진출
을 위해 강단에서 잡스런 이야기를 떠들어대며 천박한 몸부림으로 절
박감을 노래했듯이 세상의 모든 이와 같이 이 광란의 질주를 공유하고
자 하는 것이다.
'생존'을 부르짖으며 달려온 지난날의 맹목적인 도전의 의지를 순리에
따라 새로운 방향성으로 재구성하는 작업을 펼쳐 나가고자 한다.

지금까지 사회진출의 험난한 여정에 수많은 사람들이 기회를 만들어
주고 가이드를 해 준 것이 사실이다. 좋은 결과를 얻게 되었든 탐탁지

않은 결론을 손에 쥐게 되었든 그것은 별로 큰 문제가 아니었다. 혁신의 마인드를 품고 사회진출의 의지를 스스로 구축했느냐가 관건이었다. 이런 실질적인 문제보다는 주변을 의식한 보여주기식의 Visual 교육과 Output에 치중해 왔다. 남은 것은 얄팍한 상술만 남게 되었다.

사회진출이 힘들고 어려웠던 실제 이유를 적나라하게 제시하고 함께 풀어 나가고자 한다. 세상이 요구하지도 않는 정답을 찾아 헤매는 일은 지양하고 다양한 삶의 방향성을 찾아가도록 독려하고자 한다. 잘 닦여진 등산로가 아닌 가시덤불을 홀로 헤쳐 나가며 자신만의 신천지를 열어가는 자신감을 그려가도록 가이드할 것이다.

아무도 가려 하지 않는 길을 열어가려는 작업에 동참을 해주신 단델리온 김수인 소장님, 김현우 실장님, 인성소통협회 전선자 선생님, 김선영 선생님, 프리랜서 허지연 강사님, 정혜미 강사님, 참조언을 아끼지 않았던 이민호 국장님, 취업컨설턴트협회 김운형 회장님, 김진혁 박사님, 그리고 항상 제 뒤에서 묵묵히 든든한 힘이 되어준 와이프 이난희 여사, 공동 사업자 서욱 대표에게 감사의 예를 표한다.

2022년 5월

저자 서시영

Contents
차례

공짜로 취업에 성공하기

공짜로 취업에 성공하기

세상이 온통 안개 속에 묻혀 있다.

한치 앞도 내다볼 수 없는 혼탁한 상황에 빠져 있다.

혼돈의 시대가 너무 오래 지속되고 있음에 모두가 지쳐버린 상태이다.

하루하루의 일상생활이 힘겨운 것은 기성세대뿐만이 아니다.

젊은 청춘들도 중심을 잃고 환경과 여건에 휘둘린 지 꽤 오래 되었다.

이 암흑의 시기를 어떻게 헤쳐 나가야 할지 막막하기만 하다.

누군가 앞장서는 사람도 없고 스스로 돌파구를 만들 용기도 없다.

그저 앞에서 손을 내밀어 잡아주기만을 기다리는 형국이 이어지고 있다.

사회여건이 어려워지고 경제상황이 침체기에 들어서면 사회진출은 자연히 힘겨워진다. 자본주의하에서 살아남기 위한 몸부림은 매일 일어나고 있지만 방향성은 죽어 있다. 어느 곳으로 어떻게 향해야 하는지 어디에도 정해진 것이 없다.

코로나라는 바이러스 질병에 세계가 통한의 신음소리를 내뱉자 이제 막 사회진출의 첫발을 내딛으려 하는 젊은 친구들은 그 신음에 자포자기 상태로 빠져들었다.

눈앞에 닥치는 상황에 맞추어 그럭저럭 살아가는 게 최선이라 생각하게 되었다.

많은 사람들이 안정적인 정규직을 선호한다고 하지만 어느 순간부터 편하게 일하고 순간순간 본인의 필요에 따라 마음대로 쉴 수 있는 비정규직을 선택하는 친구들도 상당히 많이 눈에 띄기 시작했다.

정규직을 만들어 준다고 해도 정중히 고사하는 사례가 빈번하게 일어나고 있다.

이제 사회진출과 그에 따른 취업문제도 새로운 각도로 조명하고 분석해야 할 때이다.

시간, 공간, 사회적 환경, 개인적 능력, 시대흐름에 따라 본인의사에 맞추어 일할 수 있는 여건이 만들어진다면 사회진출과 취업문제는 일순간에 사라지게 될 것이다. 지금은 제반 환경이 이런 자발적인 해결 방향과는 거리가 먼 쪽으로 사람들을 몰고 가고 있다.

이래저래 사회진출이 요원하고 취업이 힘들다면 어디 최고 쉬운 방법을 찾아 옳고 그름을 떠나 그 방법을 택하려 하는 경향이 날이 갈수록 강해지고 있다.

바로 "공짜로 취업하는 방법을 찾고 있다."

최근에 자주 들리기 시작한 부모의 힘을 빌리는 '아빠, 엄마 찬스'라는 신조어를 누군가 만들어내어 세상에 뿌리기 시작했다.

청와대 민정수석의 아들이 기업 입사지원서에 "아버지가 민정수석이다"라는 내용을 써낸 사실이 알려진 보도가 최근에 나왔다. 이를 두고 부적절한 처사라는 비판이 나오며 파장이 일고 있다.
모 방송매체가 보도한 내용에 따르면 민정수석의 아들 모씨는 최근 한 업체의 금융영업직에 지원하면서 '성장과정'에 "아버지께서 청와대 민정수석입니다"라고만 적었다.
'학창시절' 항목에는 "아버지께서 많은 도움을 주실 것"이라고, '성격의 장단점' 항목에는 "제가 아버지께 잘 말해 이 기업의 꿈을 이뤄드리겠다"고 각각 적었다고 한다. '경력사항' 항목에는 "한 번 믿어보시라. 저는 거짓말하지 않는다"며 "제가 이곳에서 날개를 펼칠 수 있도록 도와 달라"고 썼다. 이 같은 행동을 두고 정치권에서는 모씨가 민정수석의 지위를 이용해 부당하게 취업하려 한 것이라는 문제를 제기했다.
더 정확하게 문제를 파헤치면 바로 "공짜로 취업하려는 모습"이 드러난다.

우리는 모두가 너무 잘 알고 있는 사실을 잠시 잊어버리고 있다.
"세상에 공짜는 없다"라는 것이다.
너무 잘 알고 있는 이 사실을 왜 잊어버리고 싶어 할까요?

열심히 준비하고 노력해서 자기민의 성취를 일구어낸 이들의 공로는 인정해 주고자 한다. 정작 본인을 위한 문제로 돌아오면 그저 쉽고 편안한 방법을 찾고자 한다는 것이다. 그런 방법을 찾는 데 많은 시간을 보내게 된다.

지인을 통해 취업 문제를 해결할 수 있는지 지금 이 시간에도 찾고 있다.
학점이 좋지 않아서 성적을 보지 않는 기업을 찾아 헤매는 친구들도 있다.
외국어 성적이 아예 없거나 낮은 친구, 자격증이 하나도 없는 친구들은 조건에 밀려 일과 관련되어 성적이 필요 없는 직군에 무임승차하려 다가가지만 쉽게 스스로 도태되고 만다.
특별한 스펙이 없어도 그냥저냥 일할 만한 곳이면 생각 없이 다가간다.

아무 조건이 필요치 않은, 그런 조건을 묻지도 않는 곳으로 시선을 돌리고 있다.
공짜로 취업 문제를 해결하고 싶은 게다.
특별난 노력 없이 공짜로 취업을 하게 될 수도 있으나 그런 경우 공짜로 취업했으니 일도 공짜로 해주고 급여는 경험을 쌓는 것으로 하고 주지 않겠다고 하면 어떤 상황이 전개될까?

세상을 살다보면 운이 좋은 사람들을 간혹 만나게 되고 접하게 된다.
실제 운도 실력임을 알아야 한다.
실력을 쌓아가는 과정에 운이 다가오고 간혹 얻어걸리는 경우가 생기게 된다.

공짜도 어느 날 갑자기 나에게 떨어지는 것이 아니다.

준비된 자에게 건네지는 것이 공짜인 것이다.

중국집의 공짜만두가 길을 지나가면 던져주는 것이 아니다.

중국집에서 적당량 이상의 주문이 들어 왔을 때 덤으로 얹어주는 것이 공짜만두다.

중국음식을 시킬 준비가 안 된 사람에게는 공짜만두는 없다.

자기만의 노력을 기울이다 보면 기회는 자연스럽게 우리 곁으로 다가온다.

공짜를 찾아 헤매는 일은 줄여야 한다.

공짜방법은 내가 스스로 얼마든지 만들 수 있고 만들어 나가야 한다.

앉아서 주워 먹는 공짜는 소화가 안 되어 체하게 되는 경우가 다반사다.

공짜방법의 도출은 우수한 머리, Brand, 폼 나는 스펙과는 거리가 멀다.

우수한 메타버스 선두기업의 대표가 푸념 섞인 이야기를 했다.

중, 고등학교 시절부터 오로지 컴퓨터밖에 관심이 없었고 그 길로 지금까지 살고 있다고 이야기하고 있다. 고만고만한 대학에서 컴퓨터 전공을 하였고 석사과정을 밟다가 별로 마음에 닿지 않아서 그만두었다고 했다.

아주 초우량의 실력은 아니라 하더라도 이 정도의 실력이면 사람들에게 충분히 어필할 수 있을 것으로 생각을 했다. 사회경험이 일천했던 시절 투자를 받기 위해 사방으로 노력했지만 돌아온 것은 빈 손이었다.

공짜로 투자받는 것이 아닌 실제적인 내용을 어필해도 먹히지 않았다.

반면에 K, S라는 우량 공대출신의 기업들에게는 상상 이상의 투자가 이루어지고 있었다.

그들의 실력이 출중한지 아닌지는 중요하지 않았고 오로지 겉모습으로 판단이 이루어지는 것을 보고 회한을 느꼈다고 했다.

그것을 무조건 공짜개념으로 매도해서는 안 되지만 현장에서 일을 추진하는 사람 입장에서는 충분히 이름으로만 투자되는 공짜흐름으로 보여질 수도 있다.

지금은 어려움을 스스로 딛고 일어서서 많은 투자자들이 관심을 갖고 좋은 조건의 투자를 제시해 오고 있다고 했다. 50배수로 투자하겠다고 선제안이 들어오고 있다고 한다.

새로운 공짜흐름이 찾아온 것이다.

어떤 투자를 받아들여야 할지 행복한 고민을 하고 있다고 했다.

공짜개념을 내가 만들어 낸 것이다.

"내 자신에게 좋아하는 걸 하라고 말한다. 그게 낙서다."

미국 CNN 등 외신에 따르면, '낙서 소년' 조 웨일(12살)은 최근 글로벌 스포츠 브랜드 나이키의 크리에이터가 됐다. 수십억 달러 규모의 계약도 맺었다. 온라인상에서 나이키 브랜드를 홍보하고 어린이의 창의적 활동을 격려하는 광고에 참여하기로 사측과 계약을 맺은 것이다. 그는 언론에 "스스로에게 '좋아하는 것을 하라'고 늘 말해왔다"며 "이번 결실로 더 자랑스러워졌다"고 소감을 밝혔다.

웨일은 현재 본인 인스타그램 '낙서 소년(The doodle boy)'에 각종 캐

릭터를 표현한 독특한 그림을 올리고 있다. 현재 팔로워 수는 12만 명에 달한다. 누리꾼들은 "작품을 보니 행복해진다"며 긍정적 댓글을 많이 단다.

웨일의 예술 세계가 처음부터 칭찬을 받았던 건 아니다. 정규 수업 시간에 낙서를 하다 선생님에게 걸려 야단을 맞기 일쑤였다. 그의 재능은 방과 후 미술 교실에 다닐 때부터 두각을 드러내기 시작했다. 남다른 필치를 눈여겨본 미술 교사가 웨일의 낙서를 소셜미디어(SNS)에 올리면서 세간의 주목을 받았다.

이후 웨일은 본격적인 예술 활동으로 이름을 알렸다. 재작년에는 영국 윌리엄 왕자 부부에게 그들의 기차 여행 장면을 그림으로 그려 인정받았다. 지난해 첫 단독 전시회를 연 그는 "예술에는 옳고 그름이 없다. 낙서는 나를 온전히 표현하는 수단"이라며 "낙서를 할 때 나는 세상에서 가장 행복한 사람임을 느낀다"고 말했다.
세상을 향해 공짜로 나아가는 법을 스스로 깨우친 것이다.

정말 공짜로 어려움 없이 취업하고 싶은가?

지금 우리 주변에 그런 방법이 존재하고 있을까?

물론 공짜로 취업하는 방법은 있다!

그 공짜의 개념을 지금까지 대부분의 사람들이 생각하고 있는 아랫목에 앉아 거저먹는 것으로 생각하고 있다면 그 생각은 과감하게 버려야 한다.

이제 새로운 공짜개념을 정립해 보고자 한다.
힘들지만 쉽게 다가갈 수 있는 방법론이 있다면 그게 바로 공짜로 보여져야 한다.
아무도 다가가지 않는 곳이 있다면 내가 독식해서 얼마든지 공짜로 먹을 수 있는데 말이지요.
세상살이는 모나지 않는 객관성을 등에 업고 살아갈 수밖에 없지만 나를 지탱해주는 확고한 주관적인 신념이 없으면 일순간에 무너지게 된다.

사회진출과 취업문제는 이 주관적인 신념과 목표가 정확하게 이루어져야 후회 없는 사회생활을 하게 된다.
공짜개념을 타인의 기준이 아닌 각자 개개인의 가슴에 놓고 정립해 나갈 때 취업은 쉽게 우리에게 다가와 동반자로 우리를 이끌어 줄 것이다.

↜ 덤으로 생각하기

- 공짜에 대한 자신만의 현실적 해석과 사회진출 방향성 정립하기

청춘에게 세상을 향한 진단을 강요하지 마라!

"요새 젊은 친구들은 왜 그 모양이지!"
"지만 최고고 남들은 안중에도 없으니 참 큰일이네."
"예의도 없고 버르장머리 없는 놈들이 너무 많지."
"일할 생각은 안 하고 한탕만 꿈꾸고 있으니!!! 글쎄 말이다."
"시키는 일도 제대로 안 하면서 지 멋대로 나간단 말이야."

"꼰대들은 다 비슷한 생각을 하고 있는 것 같아."
"그놈의 왕년에 이야기는 안 할 수 없을까?"
"꼭 시작하려고 하면 초를 친단 말이야, 기다려 주면 안 되나!"
"이런 방법이 무조건 안 되는 이유가 뭡니까?"
"지들이 더 잘못해 놓고 왜 우리에게는 천사를 강요하지."

"커서 뭐가 되려고 이 모양이니, 제발 정신 좀 차려라!"
"하는 짓거리 하고는 싹수가 아주 노랗다."
"제발 시키는 일이나 제대로 하세요! 피곤한 청춘아!"

"어디서 뚱딴지같은 얘기를 하시나! 100년 지나서 하든지 말든지!"
"세상살이가 그렇게 만만한 게 아니야! 그 일 당장 집어치워라!"

우리 주변에서 벌어지고 있는 일상사의 단면들이다.

주변이 급변하고 있다.
하루가 다르게 환경이 변하고 있다.
외형적인 변화와 함께 내적인 변화도 빠르게 우리 곁에 자리를 잡고
있다.
그런 흐름을 알면서도 생각과 관련된 급변을 놓치고 있다.
그중 가장 커다란 변화가 요구되는 것은 사고의 강요라는 문제이다.

예나 지금이나 앞서간 선현들의 지혜를 배우고 답습하는 일이 제일
중요했다.
천자문을 외우고 앵무새처럼 똑같이 내뱉으면 후한 점수를 받았다.
시제의 틀에 맞추어야 과거에 급제를 했고 그런 선비가 출세를 했다.
공개시험에서 수석을 차지한 사람들이 목표의 표본이 되었다.
우리네 생활만큼 남을 따라하고 그 틀 안에 안주하려는 경향의 강한
의식은 거의 타의 추종을 불허하는 것 같다.

이런 사고의 흐름이 뒤집어지고 있다.
꼴찌로 합격한 사람도 합격생이다. 수석과의 차별화가 차츰 식어가고
있다.
우리를 가두었던 이형적 울타리가 스스로 무너지고 있다.

내적인 사고의 틀도 붕괴의 도미노로 이어지고 있다.

특정 조직의 사고, 특정인의 고착화된 생각의 강요가 사라지고 있다.

맹목적인 강요와 그런 강요가 정당화되었던 흐름이 퇴조하고 있다.

어떤 강요도 미화되어서는 안 된다는 상황이 자리를 잡아가고 있다.

사회진출과 연계되어 젊은 청춘들에게 이런 강요는 이제 설 자리가 없게 되었다.

특정한 강요 대신 분명한 미래를 가이드해야 하는 시대이다.

세상이 중심을 못 잡고 휘청대면 경험이 많지 않은 젊은이들은 더욱 심하게 흔들릴 수밖에 없다. 명확한 미래를 보여주며 독려해도 모자랄 판에 불확실한 뜬구름 이야기만 늘어놓으면 앞으로 나아가기도 전에 좌초하게 된다.

Issue가 되는 것 하나만 이야기하더라도 사실적이고 정확해야 한다. 그렇지 못 할 경우 핵심은 온데간데없고 요란한 포장만 주변에 남게 된다.

몇 해 전 VR, AR이 우리네 삶 중심으로 들어올 것이라고 호들갑을 떨었으나 초기의 흐름에서 별로 진척된 것이 없이 표류하고 있다.

젊은 친구들이 VR, AR 세상의 주인공이 되어 세상을 리딩할 것처럼 떠들었으나 이제는 관심 밖으로 밀려나 있는 상태로 보여진다. 실패라고까지 이야기할 수준은 아니나 그에 준한 상황임에는 틀림없다.

세상에 등 떠밀리며 그럴듯한 강요로 이 분야에 뛰어든 친구들에게 돌아온 것은 무책임한 메아리뿐이다.

"네가 좋아서 선택한 것이지 누가 강요한 적 없다."

최근에는 Metaverse가 우리의 주변을 압박하고 있다.

Metaverse를 모르면 현재를 살아가기 힘들 것처럼 아우성을 치고 있다.

이런 Metaverse 분위기가 팽배해져 있지만 정작 전문가라고 나서는

사람은 많지 않은 듯싶다.

아마도 Metaverse 또한 VR, AR의 전철을 밟지 않을까 심히 걱정되는

부분 때문일 것이다. 실제 Metaverse 기술력에서 앞서간다고 하는 업

체의 한 대표분이 이런 종류의 노파심을 토로한 적이 있다. 오로지

Metaverse 이론과 기술에 빠져 현실접목이 제대로 이루어지지 않는다

면 자칫 VR, AR의 전철을 밟게 될지도 모르는 일이라고 말하고 있다.

현장에서는 이런 현실적인 문제로 미래의 불확실성을 걷어 내고자 힘

을 기울이고 있는데 한쪽에서는 아무 생각 없이 떠도는 이야기를 여

과도 없이 젊은이들에게 강요하고 있다.

Metaverse로 모든 문제를 풀어야 한다고 젊은 청춘을 몰고 갈 것이

아니라 그들이 과감하게 동참할 수 있는 Platform을 마련해 주는 것

이 급선무이다.

Metaverse가 어느 날 우리에게 다가온 만병통치약이 아니라 당면한

숙제를 풀어 나가야 할 새롭게 주어진 도구로 받아들여야 한다.

각자가 가장 잘 활용할 수 있는 무기로 재탄생시켜야만 한다.

Meraverse를 무조건 강요하는 우를 범해서는 안 될 일이다.

DAMP!

DAMP는 무엇의 약어일까요?

Dont Ask My Plan!

해석은 가능하나 그 숨은 뜻은 짐작하기가 쉽지 않다.

개인적으로 만들어 낸 신조어이기 때문이다.

졸업을 앞두고 사회진출에 먹먹해하던 대학교 3, 4학년의 친구가 있었다.

군 제대 후 복학 관계로 한 학년 차이가 난 두 친구는 졸업 후의 인생에 대해 서로 깊은 교감을 나누고 있었다.

지방대학교 학생으로 취업이 어렵다면 창업을 하기로 마음먹었다.

확고하게 마음을 먹었지만 창업이 하루아침에 이루어지는 작업이 아님을 누구보다도 잘 알고 있었기에 고민은 더욱 깊어졌다.

한 발자국이라도 과감하게 도전의 날을 세우기 위해 각자 아르바이트로 작은 자금이라도 벌어 보기로 한다.

절박감의 심정으로 일을 한 덕분에 초기자금은 어렵지 않게 모을 수 있었다.

생각을 실천에 옮겨 창업을 하게 되었다.

전문성은 많이 떨어지지만 의류패션업에 발을 들여놓게 되었다.

우연치 않게 초기 창업 컨설팅을 하게 되어 이 젊은 친구들을 만나게 되었다.

DAMP! 회사이름이 DAMP였다.

다른 궁금증보다 DAMP에 대한 궁금증이 아주 강렬했다.

졸업을 얼마 남기지 않은 한 친구에게 친인척 포함 지인들은 만나기만 하면 이 친구를 압박했다.

"졸업이 코앞인데 이제, 어떻게 할 건데?"

"취업 준비는 잘 하고 있는 게냐? 어디로 방향을 정했는데?"

"어렵더라도 공무원 준비하는 것은 어떻겠느냐고!"

"김씨 아들은 작은 기업에 취업했던데, 너도 생각 없느냐!

"적당한 데 알아보거라, 내년에도 어렵기는 마찬가지일 게다."

"올해 취업 안 되면, 그 다음에 어떻게 할지 계획은 있는 게냐?"

취업에는 자신 없고, 그래서 창업했노라고 이야기할 상황도 아니었다.

얼버무리는 것도 한두 번이지 지겨웠다.

제발 내 계획을 더 이상 묻지 않았으면 좋겠다고 생각했다.

아예 회사이름을 묻지 말라고 짓기로 하고 Naming을 했다.

그 작명이 바로 "Dont Ask My Plan"이였다.

특별한 컨설팅이 필요 없었다.

세상의 강요, 주변의 강요에 과감하게 부딪치며 맞서는 지금의 마인드가 살아 있는 한 쉽게 시장에서 사라지지는 않을 것이라 가이드했다.

실제 딱히 도움이 될 만한 꺼리도 없어 뒤에서 묵묵히 지켜보기로 했다.

만들어 낸 옷이 팔릴까라는 의구심이 자주 일어났다.

주변의 염려스러운 시선을 뒤로 하고 10년 넘게 이 험난한 여정을 이겨 낸 것은 아무리 칭찬해도 지나침이 없다.

오랜 세월 우리를 짓눌러온 사회의 강요에 맞서는 일은 고통스러운 작업이었다.

그런 세상의 강요를 이겨낸 그 무언의 힘은 대단했다.

지금까지 잘 버티고 있으니 말이다.

최근에 BTS(방탄소년단)의 정국이 미국 그래미어워드 참석차 출국할 때 DAMP의 터틀넥을 입어 화제를 불러일으켰다.

모델료 등 비용이 발생되었는지는 알 수 없었지만 손수 정국이 주문해서 착용한 것으로 알려져 있다.

세상물정 모르는 순박한 청년이라는 조롱에 정면으로 맞서며 DAMP로 응수했듯이 이제 더 많은 젊은 청춘들이 사회의 강요에 굴복하지 말고 강하게 부딪치며 더 강렬한 세계로 나아가야 할 때이다.

젊은 청춘이 새롭게 열어가는 New Normal의 취업, 창업 공간이 열리고 있다.

청춘을 압박해 왔던 강요의 시대가 끝나가고 있음을 우리는 직시하고 있다.

- 세상의 흐름에 대해 주관적인 견해를 열거해 보자

청춘의 신음소리를 듣고 있는가?

비록 인턴이지만 정식취업이 연계된 조건으로 사회생활을 시작한 친구가 있었다.

그룹공채는 아니었으나 자사공채로 정식절차를 거쳐 대기업에 입사를 하게 되었다.

주변의 어느 누구도 K군의 취업을 쉽게 인정해 주지 않고 있었다.

인턴이지만 그 친구가 자기실력으로 대기업에 들어갈 수가 있었겠는 가!라고 반문하는 사람들의 목소리가 선후배 모두에게서 들을 수 있는 이야기였다.

주변의 곱지 않은 시선에도 불구하고 열정을 가지고 일을 하고 있었다. 편의점의 보조점장으로 관리책임을 지고 있었다.

교대근무자로서 일찍 출근해서 미리 교대도 해주고 늦게 퇴근하며 교대자의 관리도 도와주는 솔선수범의 모습을 보였다.

누가 보아도 3개월의 인턴기간을 무사히 끝내고 정식직원으로의 도약을 기대했다. 생각과는 달리 인턴 과정 실패로 정식직원이 되지 못했다.

그 이유를 찾아보았다.

참으로 세상은 야속하여 성실만으로 좋은 평가가 주어지지 않음을 실감할 수 있는 사례가 되었다.

근무 당시 매장에서 작은 해프닝이 있었다.

편의점에 쥐가 발견되어 이를 퇴치시키기 위한 일련의 소동이 전개되었다.

이 친구는 그 어떤 일보다도 더 적극적으로 쥐잡이에 최선을 다했다.

문제는 이 작은 일에서 불거져 나왔다.

많은 일에 빈틈없이 일하고 있었지만 쥐 퇴치 일만큼 다른 일도 조금 더 적극성을 나타냈으면 하는 바람을 담당 점장은 가지고 있었던 것 같다.

모두가 아니라고 이야기했지만 이 작은 부분이 인턴 통과의 결정적인 마이너스 요인으로 작용한 듯 보였다.

말로 어려움을 내뱉고 있지는 않았지만 쥐를 잡으며 몸으로 신음을 대신하고 있었다. 내성적인 성격으로 말은 안 하고 있었지만 쥐를 잡는 문제에 커다란 부담감을 지니고 있었다. 그렇다고 드러내 놓고 불만을 이야기하는 성격도 아니었다. 속으로 삭이며 가슴으로 신음을 토로하는 방법이 최선이었다.

평범한 사람들은 그런 일을 그저 허드렛일 정도로 생각하고 대수롭지 않게 여겼기에 여러 날 동안 근무시간 이외의 쥐잡이에 대한 투자와 정신적인 스트레스의 고통은 평가에서 멀어져 있었다. 대신 업무가 조금 등한시되는 부분이 확대되어 실망스러운 결과를 빚게 되었다.

현장의 신음소리는 무시되고 일 속에 묻혀버렸다.

지금 현장 앞에서, 현장의 보이지 않는 뒤편에서, 현장에 들어서기 위해서 젊은 청춘들이 다양한 신음의 고동을 울리고 있다.

이들이 쏟아내는 수많은 신음의 울림을 들어야 한다.

들을 수 있도록 준비도 해야 한다.

들었다면 반응도 보여야 한다.

젊은 청춘들은 신음하고 있다.

잘 들리지 않고 보이지 않는 신음이 늘어가고 있다.

그 신음소리가 사방에서 증폭되고 있으나 어느 누구도 귀 기울여 주지 않고 있다.

그저 날 만한 곳에서 울리는 고통의 울림으로 생각하고 있다.

차라리 소리가 나는 신음이면 나을 수도 있다.

들리지 않는 내면의 신음과 몸으로 대신하는 신음은 철저히 외면당하고 있다.

일상의 범주에서 보면 옳지 않은 일이지만, 주관적인 판단으로 보면 얼마든지 수긍이 가고 인정해 줄 수 있는 목소리인데 우리는 무시로 일관해 오고 있다.

가슴으로부터 나오는 신음소리를 힘들어 내뱉는 고통의 외침으로 치부하고 있다.

그런 소리는 들을 필요가 없다고 생각한다.

사회진출을 준비하며 생각지도 않은 문제에 좌절하며 신음을 하고 있는 청춘들을 주위에서 쉽게 볼 수 있다.

지금 내가 어디에 서 있는지, 어디로 나아가야 하는지, 어떤 방법을 습득하고 실천해야 하는지 그저 소리 없는 신음을 토해내고 있다.

당연히 스스로 책임져야 할 기본적인 사항이라고 매도할 수도 있으나 청춘들에게는 풀어나가야 하는 심각한 문제이다.

이들의 신음소리를 이제는 외면해서는 안 된다.

이들과 같이 호흡하고 Reaction을 취할 때 취업대문의 폭은 넓어지고 그 문을 통해 우량한 인재들이 쏟아져 들어오게 될 것이다.

중학교 때부터 컴퓨터에 빠져 있던 친구가 있었다.

특별하게 컴퓨터로 무엇을 하겠다고 하는 사명의식이 있었던 것은 아니었다.

그저 컴퓨터가 좋아서 가까이했을 뿐이다.

어려운 환경과 더불어 능력도 그 또래보다 부족했기에 큰 욕심 없이 닥치는 대로 컴퓨터 관련 일을 하며 지냈다.

국내에서 7번의 이직을 통해 본인 나름대로의 살아가는 방법을 익혔고 우연한 기회에 미국 실리콘밸리에 진출 또 다른 7번의 이직을 통해 자기의 경쟁력을 스스로 만든 자칭 흙수저 친구다.

영어 한마디도 제대로 하기 어려웠던 친구가 컴퓨터 관련 개발자로 '우버'에서 일하는 행운도 잡았다. 국내로 다시 돌아와 카카오 모빌리티를 거쳐 자율주행자동차 개발업체 죽스(Zoox)에서 일하고 있다.

환경과 여건이 그리 좋지 못했던 한 친구가 자기 나름대로의 영역을 확보하고 꾸준한 도전을 이어갈 수 있었던 계기가 있었다.

국내에서 컴퓨터 관련 일을 하며 지낼 때 조금 더 높은 곳으로의 노전을 펼칠 기회가 있었다. 유명 포털 사이트에서 컴퓨터 관련개발자 모집에 응시한 것이다.

학력, 스펙, 경력에서 도저히 경쟁이 될 것같이 보이지 않았으나 그 업체는 이 친구의 통렬한 신음의 외침에 응대의 결단을 내렸다.

필기시험이 실행되었고 예상했던 대로 성적은 최하위로 나타났다.

또 한 번의 통 큰 결단으로 면담을 통해 틀린 답안의 내용을 물어 보게 되었다.

정답과는 거리가 있었지만 자기만의 강력한 논리를 전개한 이 친구를 선택한다.

비록 시험 답안지였지만 그 속에 강렬한 자기만의 신음을 적었고 그 신음소리에 반응을 보이지 않았다면 오늘날의 자칭 흙수저는 존재했겠는가?

괴로움의 신음소리는 내뱉는 사람도 듣는 사람도 모두가 고통스러울 수밖에 없다.

되도록이면 이런 소리와는 멀어지고 싶은 게 우리들의 속마음이 아닌가 생각된다. 하지만 사회생활의 출발점에 놓인 청춘들의 신음소리는 이제 냉철하게 되돌아보아야 한다.

청춘의 신음소리는 고통의 울림이 아니라 세상을 향한 신선함 외침임을 기억해야 한다.

✎ 덤으로 생각하기

- 주변에서 들려오는 청춘들의 고민을 있는 그대로 적시하자

ABC대 이력서의 유효기간

"어느 대학 나오셨어요?"
"네 ABC대입니다."
"아, 그러시군요!"
"저도 ABC대 출신입니다. 반갑습니다."
"이런 곳에서 이렇게 만나게 되는군요."
"참으로 묘한 인연입니다."
"동문끼리 앞으로 잘해 봅시다."

"ABC대 졸업하셨군요."
"네 맞습니다. ABC대 경영학과 출신입니다."
"아, 그러시군요."
"김 교수님 아직도 학교에 계십니까?"
"저도 김 교수님에게 배웠습니다. 퇴임 아직 안 하셨나요?"
"제자끼리 일하게 되었네요."
"잘 한번 뭉쳐 보도록 합시다."

우리네 일상생활에서 보여지는 인간관계의 한 단면이다.
초록은 동색, 가재는 게 편, 간판은 간판끼리.

간판을 중요시 여기는 사회.
아니 간판을 중요시 여겼던 사회.
간판이 화려하면 더더욱 빛을 발했던 사회.
이제 그런 사회와 이별을 하고 있다.

"느그 아부지 뭐하시노?"
"어데 다니시노 말이다, 자슥아."
어디서 많이 듣던 말이지 않습니까?
"장의사입니다."
"건달입니다."
"막노동 하십니다."
라고 말하면 쪽팔려서 안 되고
"의사입니다."
"변호사입니다."
"공무원입니다."
라고 말하면 내 위상이 하늘로 날아올라갑니까?

솔직히 오랜 세월 우리는 간판으로 먹고살았다.
할아버지 간판, 아버지 간판, 내 간판으로 말이다.
간판을 얻기 위해 대학에 들어갔고, 간판으로 먹고살기 위해 취업했다.

근래 새로운 흐름이 형성되기 시작했다.
간판이 우리 주변에서 서서히 자취를 감추기 시작했다.
이제 간판과의 완전한 이별도 멀지 않았다.

미국 하버드대학의 졸업 후 이력서 유효기간은 약 5년 정도라고 한다.
물론 사회적 여건, 시대 분위기, 개인역량에 따라 기간은 가감이 될
수 있다.
어찌되었든 우리가 생각하는 철옹성의 간판과는 거리가 있다.
이들의 간판은 짧게 보여지는 현수막 같은 존재로 인식한다.

"어느 대학 출신이신가요?"
"SS대학교입니다!"
"오!!!!! 와우!!!!!"
"최고대학 출신인지 정말 몰랐습니다."
우리가 걸어온 사회에서 비추어지는 배경의 분위기이다.

"하버드대학 졸업입니다."
"아, 그래요."
"????? 하버드대학 모르십니까?"
"하버드대학 다들 잘 알고 있지요."
"헌데, 하버드대학 나왔으면 어쩌라고요."

간판이란 한순간 나를 알리는 지나온 지표일 뿐이다.
우리는 이 지표에 너무 많은 열정을 쏟아부었었다.

그 시대가 막을 내리고 있다.

취업은 한 직장에서 정년을 맞이하는 것을 최고의 미덕으로 꼽았다.

서너 군데 이직의 경험이 보이면 불성실하고 무능한 인간으로 취급 받았다.

요즈음은 이직을 살아 숨 쉬는 경험자의 훈장으로 보고 있다.

다양한 경험을 가진 사람이 현장을 지배하는 시대이기 때문이다.

Specialist가 아닌 Generalist의 시대가 도래된 것이다.

공부에 별로 취미가 없는 친구가 있었다.

대학도 4년제가 아닌 2년제를 다닐 수밖에 없었다.

4년제 간판을 독촉하는 주변의 압박에 4년제로 편입을 했다.

취업시기가 찾아왔지만 갈 곳이 없었다.

인성은 착하디착해 보였지만 너무 정적인 성격이 자리 잡고 있었다.

이 친구 미래를 위해서 동적인 일에 도전을 시켜 보고자 했다.

본인도 주저 없이 승낙을 하였다.

영업마케팅 직무과정을 몸으로 이수하도록 하였다.

운 좋게 100대 기업에 서류전형 합격하여 면접을 보게 되었다.

처음 보는 면접이기도 하였지만 소극적인 면이 드러나 떨어지고 말았다.

면접 실패원인을 분석하여 도전적으로 임하도록 준비를 시켰다.

간판이라는 굴레를 자신 있게 벗고 취업에 나서도록 하였다.

나름대로의 방향성 정립이 도움이 되었는지 대기업 영업직에 취업하게 되었다.

1년 후에 만난 이 친구는 완전히 다른 사람이 되어 있었다.
나약한 면은 찾아볼 수 없었고 모든 부분에 자신감이 차 있었다.
너무 밝은 표정이 오히려 상대방을 당혹하게 만들고 있었다.
그 이유를 물어보았다.

취업이 확정된 이후 학교라는 간판에서 자유로울 수 있는 마음의 여유를 갖게 되었다고 했다.
Sales를 하며 수천 명의 사람을 만나는 과정을 통해 얻은 쓴 경험이 나를 이렇게 바꾸어 놓았다고 하였다.

이제는 다른 어떤 일도 두려움 없이 도전할 수 있게 되었음을 알렸다.
경험이 간판을 이길 수 있음을 몸소 알게 된 것이다.
그럴듯하게 포장된 모습으로는 상대방에게 신뢰를 얻기가 쉽지 않음도 깨닫게 되었다. 간판은 종이 한 장에 그려진 인쇄된 징표일 뿐임을 받아들여야 한다.

간판은 한 철 찾아올 때 입어보는 계절용 셔츠일 뿐이다.

↳ 덤으로 생각하기

● 겉모습의 요란함에서 멀어지는 방법에 대해 숙고해 보자

취업직무에 대한 편견과 오해

최고의 Grade대학이라 지칭되는 학교를 졸업한 친구가 있었다.
본인은 정작 자기 자신이 별로 뛰어난 학생이 아니라고 생각했다.
남들의 기대와는 달리 좋은 직장에 들어가기가 어려울 것이라 결론을
내렸다.
실제 한두 군데 면접도 보았으나 결론은 실패로 끝이 났다.

주저 없이 본인의 의지를 관철시켰다.
대기업, 중견기업, 소기업도 아닌 경기도 공단의 공장에 취업을 하였다.
공장에서의 직무는 생산라인에서 일하는 것이었다.
모두가 정신 나갔냐고 아우성을 쳤다.

지금은 학력을 속이고 위장취업을 하는 노동운동 시대도 아니다.
정말 먹고살기 힘들어 기술을 배워야 하는 시대도 아니다.
가업을 잇기 위해 유사한 공장의 시스템을 배우기 위한 것도 아니었다.
내 수준에 맞게 내 일자리를 찾은 것이 전부인 시대이다.

대학을 나오면 생산직에서 일하면 안 되나?

공장에서 기름칠하며 밥 벌어 먹는 놈은 처음부터 정해져 있는가?

대학공부 시켜준 부모님 얼굴에 똥칠할 거야, 이놈아, 원 창피해서!

하구 많은 일 놔두고 왜 하필 공장으로 간 이유가 뭐냐?

지금 어느 시대에 살고 있는지 망각하고 있는 게다.

어떤 일을 하는 게 그렇게 중요한가?

나는 남들보다 우월한 직무에서 일한다고 생각하는 잘못된 편견이 있다.

아직도 화이트칼라 직무에서 일해야만 존중받는다는 오해가 있다.

"너 이번에 S그룹에 들어갔다며!"

"야, 대단하다. 수고했다. 그런데 어느 회사냐?"

"보험회사예요."

"대기업 보험회사 연봉 높지, 정말 축하한다."

"회사에서 어떤 일 하는데, 무슨 일이야!"

"아 뭐 그런 일 있어요."

"아 글쎄 그런 일이 뭔데. 내가 알면 안 되냐!"

"어, 이야기하기 좀 그런데요."

"야 정말 궁금하다. 말해 봐!"

"영업. 영업직. 보험판매여요."

"보험영업!!!!! 나 보험 많이 들어 있어! 나한테 오지 마라!"

"어쩐지 처음부터 조금 이상하더라니!"

"네가 대기업 보험회사에 들어가다니 의아했지."

"보험영업이니까 취입이 가능했나 보나."

어떤 직무를 하느냐에 따라 권위가 달라지던 시대가 있었다.

모두가 일하고 싶어 하고 우러러보는 직무가 있었다.

직무에 따라 직급이 결정되는 조직체계가 존재했다.

일하는 부서에 따라 능력을 인정받는 시기도 있었다.

지금은 그런 시대와 멀어져 있다.

누구나 알고 있다.

누구든 인정하고 있다.

무슨 일을 하느냐는 중요하지 않다고 생각하고 있다.

그런데 일자리가 없다고 야단이다.

취업이 안 된다고 사방에서 굉음을 울리고 있다.

일자리 창출을 정부정책 최우선 과제로 걸었다.

취업교육과 실행에 천문학적 자금을 쏟아붓고 있다.

이런 노력에도 불구하고 일자리가 늘어나기는커녕 줄어들고 있다.

수년 내 최악의 고용수준을 기록하고 있다.

그 근원적인 문제를 파악하지 못하고 있는 상황이 안타깝다.

정부의 피눈물 나는 노력이 결실을 맺지 못하고 있다.

조금만 방향을 바꾸고 현장을 들여다보면 길이 보일 것이다.

이제 현실적이고 현장 위주의 내용을 들추어내야 한다.

어려운 상황에서 벗어나지 못하고 있는 문제점은 크게 두 가지로 압

축된다.

상황판단에 대한 미스와 직무에 대한 변화인식 부족이다.

우리나라의 경제흐름에 대한 내부적인 정리가 제대로 되지 않고 있다
는 것이다.

경기 Cycle이 침체기에 있다는 근거는 무엇인가?

경제상황이 어렵다는 의미는 무엇을 의미하는가?

이에 대한 추론이 오직 숫자로만 대변된다면 이는 큰 잘못이다.

작금의 경제를 어렵게 만들어 간 것은 아닌지 양방향으로 분석해 보
아야 한다.

누구의 잘못이 아니라 우리의 편향된 시각을 정리할 필요가 있다는
것이다.

우리나라의 경제줄기는 애초에 중소기업의 성장으로 가닥을 잡았어야
했다.

그러나 경제여건상 대기업 위주로 구도가 잡히고 이 흐름이 이어졌다.

대기업 편제로 날개를 달고 30여 년 잘 먹고살았다.

이를 부인해서도 안 되고 폄하해서도 안 된다.

사실은 사실대로 받아들일 줄 알아야 한다.

이제 새롭게 형성되어 가는 작금의 물줄기도 인정해야만 한다.

인정하고 강력하게 받아들여야 한다.

경제가 어렵다고 느끼는 것은 대기업 시대가 끝났음을 의미한다.

20년 전 IMF 때 분괴되었던 기업구조조정은 이 시면에서는 논외로 한다.

근자 동양그룹의 몰락에서 비롯된 대기업의 붕괴는 예견이 가능했다.
줄줄이 이어졌던 대기업의 몰락은 우리를 당혹스럽게 만들었다.
당혹감을 지나 불안감이 엄습해 왔다.
지금은 그 속도가 점점 빨라지고 있다.

오랜 세월 우리나라 경제를 책임졌고 국민을 먹여 살렸던 이들의 퇴장은 참으로 가슴 아픈 일이다.
이들의 퇴장을 반길 수는 없지만 그렇다고 피하는 일은 더더욱 무책임한 일이다.
무조건 몰락을 방조하기보다는 가지치기로 건강하게 재정비되도록 지켜보아야 한다.
옛날의 찬란한 그 아성으로 되돌아가기보다는 새로운 돌파구를 찾아야 한다.

그러면 대기업의 몰락으로 우리나라 경제는 더욱 어두워질 것인가?
"아니다"로 이야기할 수 있다.
대기업의 몰락으로 일시 경제상황이 흔들리고 있는 것은 사실이다.
그렇다고 경제성장이 아주 멈춘 것은 아니다.

우리에게는 성장이 더욱 두드러지고 있는 중견기업들이 있다.
지난날 중소기업들은 연 매출이 100억이면 상당하다고들 이야기했다.
최근의 매출액이 1조를 넘나드는 중견기업들이 쏟아지고 있다.
우리나라의 경제구도가 재편과정에 있는 것이다.
이를 무시하고 과거로 회기하려는 방향성과 정책에 대해서는 재고를 통해 새로운 사고를 장착시켜야 한다.

최근 10년 동안 우리나라 경제의 양대 축이었던 반도체와 자동차는
이제 서서히 성장 탄력이 약해지고 있다.
자동차는 이미 방향성을 잃어버린 듯이 보여 매우 안타깝다.
반도체는 마지막 불꽃을 태우는 게 아닌가 보여진다.
언제까지 이 두 가지 Item으로 지탱할 것인가?

삼성이 바이오와 Pay산업에 주목하고 있는 사실은 반가운 일이다.
현대차는 소형차에 더 집중했으면 하는 바람이 있다.
새로운 경제동력을 찾는 데 모두가 분주하다.
그 해법은 이미 나왔고 가동을 시작하였다.
매출 1조의 중견기업들이다.

이제 새로운 분야로 매진만 남아 있다.
바로 고용, 취업문제도 여기에서 찾아야 한다.

고용, 취업의 문제를 보다 더 현실적으로 파헤쳐보자.

올해년도 기업에서 필요로 하는 인원이 얼마나 될까요?
기존 사업에 충원될 인원은 대략 나와 있습니까?
신규 사업에 얼마의 인원을 투입해야 적정할 것 같습니까?

성세성쇄을 벌지는 성부기관은 세무사항까지는 모른다 하더라도 사기

업들과의 충분한 교감을 통해 대략의 고용윤곽은 잡고 있어야 하는 게 맞다.

구인환경은 현장의 세부사항을 조밀하게 꿰뚫어 보면 새로운 취업 방향성을 읽어 내는 게 그리 어렵지는 않다.

화이트칼라, 기술직은 취업진출자들로 항상 만원이다.

스펙 좋은 박사급 지원자들로 가득 찼다.

가능성이 없는데도 지원을 하고 기다린다.

그런데도 취업교육은 이곳에 맞추어져 있다.

인문사회계열 학생들에게 IT과정을 이수시켜 임시방편으로 취업을 독려한다.

바꾸어야 한다.

바뀌어야만 한다.

멋있고 폼 나는 직업의식에서 벗어나야 한다.

벗어나도록 교육시키고 도움을 주어야 한다.

그런 흐름을 만들고, 그런 교수를 찾아야 하고, 그런 인재들을 불러 모아야 한다.

힘들고 어렵고 더러운 일이지만 미래의 가능성이 보인다면 가보아야 한다.

그렇다고 가도록 강요해서는 안 되는 일이다.

스스로 강한 도전의식을 정립하도록 지원할 때이다.

직업과 직무에 대한 편견과 오해가 왜 생겼는지 위에 언급한 내용을 공유해야 한다.

취업을 못 해 국가 인재들이 낙담하는 현실을 방치하는 일은 막아야
한다.

인재들을 기다리는, 그것도 많은 인재들을 기다리는 곳이 널려 있다.

제대로 가이드하고 새로운 의욕을 분출시켜야 하는 시대이다.

✎ 덤으로 생각하기

• 내가 알고 있는 일에 대한 범위와 할 수 있는 일의 range를 설정해 보자

취업에 대한 현실적 해석

취업이란 무엇을 의미하는가?
취업을 어떻게 받아들여야 하는 것인가?
취업이 사회활동에서 차지하는 근원적인 의의는 무엇인가?

취업의 사전적 의미를 간략하게 살펴보면 다음과 같다.
"일정한 직업을 잡아 직장에 나감."

학생의 신분을 벗어나 사회에 진출하게 되면 수입을 전제로 하는 경제활동을 자연스럽게 하게 된다. 수입을 올릴 수 있는 가장 중요한 구심점이 직장이라는 조직체이며 이런 조직체에 들어서는 것을 취업이라고 한다. 사전적인 의미를 깊이 생각하지 않더라도 꾸준하게 사회생활을 하는 데 있어 취업은 절대적인 영향을 미친다. 물론 취업이 안 되었다고 해서 사회생활을 못 하는 것은 아니다. 경제적인 여유가 없는 평범한 일반인들은 돈을 벌어야 하는 명제에 민감해질 수밖에 없기 때문에 취업은 절체절명의 이슈가 될 수밖에 없다.

이런 취업이라는 막중한 문제로 인해 많은 사람들이 고민에 휩싸여 있다. 특히 학교를 졸업하고 사회의 문을 처음 두드리는 젊은이들이 취업이 제대로 이루어지지 않자 스스로 나약해 보이는 모습을 보이며 거대한 장벽과의 싸움에 지쳐있다. 연일 사회문제로 부각되어 다각도로 청년취업 문제를 해소하려고 노력하고 있으나 골만 더 깊어지고 있는 것이 현실이다.

노력한 만큼의 대가는 아니라 하더라도 지금 펼쳐지고 있는 청년층을 위한 다양한 취업 프로그램으로 인해 조금씩 취업문제가 해결의 실마리를 찾아나가야 함에도 불구하고 회의감이 앞서는 이유는 무엇일까? 정부, 기업, 취업지원자, 유관기관 등의 적극적인 활동에도 소기의 목적이 제대로 이루어지지 못하는 이유는 분명히 존재한다. 취업에 대한 실제적인 개념정리와 현장감이 떨어지는 방향성이 걸림돌로 작용하고 있다.

취업을 모두가 일 방향으로 바라보기 때문이다. 취업지원자들은 내가 가야 할 곳에만 관심을 갖는다. 그것이 내 가치와는 거리가 있더라도 그 이상의 자리만을 고집한다. 정부도 국가적 사회적 문제인 고용문제를 상시 고민하고 있지만 상층부와 실무자와의 괴리로 좋은 결과를 만들지 못하고 있다. 상하가 일 방향 평행선을 긋고 있기 때문이다. 상층부는 여론에 내보여야 할 취업자 수와 취업률에만 초점을 맞추고 있고 실무선에서는 당장의 가시적인 성과보다는 취업교육의 완성도에만 집중하고 있다. 기업은 기업대로 자기 앞가림에 급급하기 때문에 고용문제를 장기 안목으로 끌고 가기가 만만치 않다. 대국적인 견지에서의 채용보다는 채용에 따른 기업의 실익에 모든 역량을 모으고 있다.

모두가 양방향의 시각을 가져야 할 때이다.
바로 고용, 채용의 문제를 '생존'이라는 공통분모로 풀어 나가야 한다는 것이다. 한 발 더 나아가 나만 살아남는 것이 아닌 상대방도 같이 살아남는 '공생'의 개념이 정착되어야 한다.

취업을 해야 하는 취업준비생들은 단순히 일급, 월급, 연봉을 받는 일하는 기계가 아니라 자기 인생을 스스로 책임지는, 생존의 문제를 풀어 나가는 주체임을 상기해야 한다. 생존을 먹고사는 것만으로 치부하는 것은 잘못된 판단이다. 생존이란 오늘내일만을 바라보는 단기 개념이 아닌 인생이 걸린 장기 Plan이다. 이런 장기계획을 무시하고 돈 몇 푼 받는 일에 올인하는 것은 바람직하지 않다. 사회에 처음 진출하는 젊은 친구들이라 하더라도 이 부분을 모르는 것이 아니다. 한 번, 두 번, 세 번 취업전쟁에서 밀리다 보면 할 수 없이 당장의 수입에 목숨을 걸 수밖에 없는 상황을 맞이하게 된다. 나만을 생각하는 단기계획에 집착하게 하는, 일 방향에 빠지게 된다. 결코 욕할 수 없는 분위기인 것이다.

이런 단기개념의 취업이 기업 입장에서 보면 비정규직을 양산하는 빌미를 제공하고 있다. 자기 자신의 의사와는 전혀 다른 방향성을 갖고 기업에 들어온 친구들이 언제 회사를 떠날지 모르는데 그들을 100% 믿고 의지힐 수는 없는 노릇이나. 이런 고용현장의 흐름을 무시할 수 없기에 기업도 오래 다니는 사람보다는 짧고 굵게 일하는 사람을 원하는 방향으로 가닥을 잡은 지 오래다. 이도저도 신경 쓰기 싫은 기업은 아웃소싱을 통한 인력관리로 전환해 버렸다. 기업도 자기가 살아남기 위한 방법론을 찾아간 것이다. 앞뒤 좌우를 아우르는 양방향의 사고가 필요함을 인정하지만 현실적으로 이를 실천하는 기업은 많지 않다. 이런 상황을 비난하거나 힘으로 해결하려는 것은 잘못이다. 순리대로 받아들일 마음의 여유가 더 필요하다. 이를 바탕으로 점진적으로 채용관련 제반문제를 양방향으로 이끌어 가도록 독려해야 한다.

정부도 단기 취업에 목을 매고 있다. 고용정책의 실패가 청년실업의 문제로 확산되고 있다고 사회분위기가 몰려가고 있기 때문에 더 이상 장기 안목으로 취업문제를 끌고 가기가 어렵게 되었다. 빨리빨리 취업자를 양산해야 하는 당면과제에 전전긍긍하고 있다. 인재를 적재적소에 배치해서 적극적이고 긍정적인 사고로 경제활동을 할 수 있도록 기획하고 실행해야 함을 뒷전으로 하고 일자리를 늘려 무조건 숫자를 카운팅하는 개념의 채용은 재고를 해야 한다.
그런 취지로 취업을 하게 된 지원자들이 과연 얼마나 자기 자신과 기업 그리고 국가에 기여할 수 있는가 말이다. 이런 단기성 일 방향의 취업의식의 만연은 부정적인 취업흐름을 만들어 냈다. 취업자리가 나와도 취업을 하지 않는 분위가 확산되고 있다.

"그거 힘든 일이 아니에요. 내가 왜 그 일을 해야 합니까! 안 합니다."
"집이 수도권인데 지방근무 하라고요? 다른 사람 찾아보세요!"
"토요일, 일요일 나오라구요. 수당도 없는데 내가 미쳤습니까."

"그런 쥐꼬리만 한 연봉을 주는 기업에 우리 애를 보내면 어떡합니까. 집에서 하는 농장 일 거들기만 해도 대기업 연봉은 나옵니다. 다시는 취업 이야기 하지 마십시오."

취업 자체가 중요한 것이 아니라 취업을 바탕으로 미래를 설계하는 것이 훨씬 중요하다. 모든 사안을 한 방향으로만 몰고 가는 것이 아닌 한 번 더 뒤집어 보는 양방향 사고를 일상화해야 한다. 이런 사고가 취업에 연계될 때 취업문제는 새로운 국면을 맞이하게 될 것이다. 본의 아니게 표류하고 있는 취업정책이 제자리를 잡게 된다는 것이다.

하루 벌어 입에 풀칠할 수밖에 없는 상황에 놓여 있다면 어쩔 수 없이 그 상황을 극복하기 위해서 노력해야 한다. 무조건 취업을 장기계획으로 가라고 강요하는 것은 아니다. 극한 상황을 스스로 제어할 수만 있다면 눈앞의 작은 이익보다는 미래를 지배할 수 있는 큰 그림을 그릴 줄 아는 것이 취업임을 알아야 한다.

나의 미래는 누가 책임져 줄 것인가?
바로 나 자신이 아닌가 말이다.
이런 나를 사회에서 운신의 폭을 넓혀 주는 매개체가 바로 취업이다.
이제 자기 나름대로의 취업에 대한 정리가 필요한 시대이다.

졸업을 앞두고 취업준비를 위해 '영업마케팅 직무교육과정'에 들어온 친구가 있었다. 누구나 기피하는 영업직 그중에서도 제약영업을 하고자 준비 중이었다. 그 이유는 아주 명쾌했다. 자기 자신의 현 능력으로는 좋은 기업, 괜찮은 일자리는 들어가기가 쉽지 않을 것으로 판단했다. 본인의 성격과도 잘 부합하는 영업부분에 도전하는 것이 맞다고 본 것이다. 실제 취업지원을 함에 있어서도 들러리로 지원서를 내고 요행을 바라는 짓은 하고 싶지 않았다. 제약영업에 몸을 실을 생각을 한 중요한 이유가 하나 더 있었다. 지금도 현직에서 제약회사 영업을 하고 있는 아버지의 그 일상을 직접 경험해 보고 싶었던 게다. 자라오며 옆에서 지켜보았던 아버지의 힘든 여정을 이제 내가 현장에서 부딪쳐 보고자 했다.

많은 사람들이 기피하는 직업이라 하더라도 막연한 열정과 도전의식으로는 취업에 성공하기가 녹록지 않다. 이런 여건을 잘 알고 있기에 철저한 준비를 하고자 '영업마케팅 직무과정'을 이수하는 결행을 하게 된 것이다. 제약영업을 하게 된다면 이 힘든 일을 바탕으로 새로운 도전을 펼칠 계획도 세웠다.

취업을 단순하게 돈을 쫓는 일 방향의 흐름으로 규정하는 데에서 벗어나 미래를 스스로 개척하는 자아실현임을 정립시켰다. 이런 자아실현이 인생의 가치를 몸으로 부딪쳐온 아버지의 힘든 굴레를 본인이 경험해가며 벗겨드릴 수 있을 것으로 생각했다.

취업에 성공하여 역동적으로 일을 하고 있다. 힘들다고 하고 있다. 그러나 재미있고 하루하루 나의 가치를 높여가고 있다고 한다. 주변의 동료들과 여러 영업부문의 현장맨들이 매일 이직의 몽상을 헤매일 때 더 저돌적으로 움직이는 것은 이제 양방향의 시야가 눈에 들어오고

있다는 반증이다. 이런 자신감은 취업에 대한 확실한 정리와 아울러
자신의 길을 본인의 판단에 의해 만들어 가기에 가능한 것이다.
취업은 누가 대신 하는 것이 아닌 내 인생을 내가 만들어 가는 것이다.

✒ 덤으로 생각하기

취업교육의 형식화 탈피

🏃

취업에 목마름을 호소하는 취업준비생들에게 취업교육은 필수이자 포기할 수 없는 일련의 중요 취업과정이다. 특별하게 준비하고 있는 자기만의 방법론이 있다면 모를까 그렇지 않다면 주변에 펼쳐져 있는 복제된 취업교육에 의지할 수밖에 없는 것이 작금의 한 흐름으로 자리를 잡고 있다.

취업교육을 대표하고 가장 빈번하게 이루어지고 있는 교육은 이력서와 자기소개서 쓰기임을 부인할 수 없는 것이 사실이다. 분명히 필요하고 한 번쯤은 가이드 받아 볼 필요는 있으나 이를 지속적으로 컨설팅으로 몰고 가는 것은 올바른 방법이 아니다.

이력서를 계속 고치는 일은 자기를 위선으로 포장하는 일에 빠질지도 모르는 위험한 일이다. 멋있게 각색된 이력서로 설사 취업에 성공했다손 치더라도 이는 본연의 내가 아니기 때문에 일을 하는 동안 항상 내 본래의 모습이 드러날지도 모른다는 강박관념에 빠지기 쉽다. 취업 후 오래지 않아 퇴사하는 경우는 여러 이유가 있겠지만 내 본래의 모습이 드러나고 그러는 와중에 가치충돌까지 겹치게 되면 거의 100% 회사를 떠나고 만다.

취업교육을 주관하는 단체, 학교, 교수들 대부분은 이런 포장 취업교육에 몰두하고 있다. 이런 일련의 과정은 실제 취업에 큰 도움이 되지 않는다는 것을 알고 있지만 딱히 다른 취업교육을 할 것이 없기 때문에 그냥 지난 과정을 답습하는 안타까움이 지속되고 있다.
현장 위주의 교육은 잘 알지도 못하고 취업이 안 되는 결과를 두려워하기 때문에 이런 교육을 선호할 수밖에 없다고 항변하고 있다. 취업교육 결과에의 따른 실질적 취업 결과물에 대한 책임을 감내하기 어렵기 때문이다.

"이번 취업교육을 통해 몇 명을 취업시킬 수 있습니까?"
"취업이 안 되는 지원자들에게는 어떻게 이야기해야 합니까?"
"취업기업과 맺은 MOU의 효력은 어느 정도입니까?"
"취업 후 사후관리는 어떤 방법으로 진행되나요?"

취업교육의 궁극적인 목표는 취업으로 귀결 지어져야 하는데도 불구하고 처음부터 취업 자체의 불확실성만 강조하고 있는 것이 지금 주변에서 보여지고 있는 대부분의 모습이다.
"확신할 수도 없는 상황에서 몇 명 취업시킬 수 있습니다"라는 불확실한 목표보다는 "교육생들의 이력서, 자기소개서 쓰기 과정을 통해 90% 이상의 참여자들이 취업교육을 잘 받았다라는 결과 Report위주의 교육이 우리에게는 훨씬 더 중요합니다"라고 이야기하는 취업교육 담당자의 이야기를 어떻게 받아들여야 하는가?

이제는 더 이상 남에게 보여주는 교육은 지양되어야 한다. 특히 취업교육은 현실위주의 현장교육으로 바뀌어야 한다. 잘 짜여진 각본에 따라 시간엄수해서 교육 이수를 시키는 것도 필요하나 조금은 샛길로 들어서는 경우라도 온몸으로 보고 배울 수 있는 여건이 조성된다면 시의적절하게 변형됨을 인정해야 한다.

우리는 교육을 오랫동안 평가라는 과정을 통해 제어하고 관리해 왔다. 오로지 좋은 평가를 받은 사람들이 많으면 훌륭한 교육이었다라고 받아들였다. 평가라는 잣대도 순수한 결과물보다는 과정이라는 틀에 얼마만큼 잘 순응하였느냐가 관건이었다. 도전적이고 혁신적인 제안은 취지에 맞지 않는다는 미명하에 뒷전으로 밀려나는 게 정설이었다.

교육평가는 예상보다 못 하게 나왔고 과정진행도 교육설계자의 의도와는 다르게 흘러갔지만 이번 교육을 통해 새로운 세상을 열어가는 수많은 방법론과 사람들이 탄생되었다면 이는 겸허하게 긍정적으로 받아들여야 한다.

취업교육의 종착지는 취업이다.
취업으로 새로운 사회진출이라는 목표를 일구어내는 것이다.
교육평가지가 만점으로 그려지는 것이 중요한 것이 아니라 교육생이 자기가 일할 자리를 찾아가는 것이 훨씬 중요한 것이나.

이런 손에 쥐는 실질적인 결과가 향후 계속해서 이어지는 취업교육에 지대한 영향을 미치게 됨을 간과하고 있었다.

이제 취업교육을 조금 더 심도 있게 살펴볼 필요가 있겠다.

A라는 취업교육을 받으면 그와 관련된 기업에 취업하는 것을 목표로 하게 된다. 맞는 방향성에는 틀림없으나 그에 덧붙여 취업에 대한 폭넓은 사고가 정립될 수 있다면 이 부분에 더 큰 의미를 부여해야 한다. 설사 서너 번의 취업실패가 이어진다 하더라도 명확한 취업의식과 의지가 교육을 통해 정착되었다면 취업은 어렵지 않게 다가오기 때문이다.

취업을 위한 다양한 시도가 과감하게 이어져야 함을 인지는 하고 있으나 관행에 눌려 제대로 실행되지 못하고 있는 것은 심히 안타까운 일이다. 교육생들이 필요성을 느끼고 교수도 동의하고 있어 새로운 방향성을 추구해야 할 시기에 커리큘럼에 묶여 진행이 어려운 것이 오늘날 우리의 취업교육이다.

"지금 시간은 ○○전략시간인데 커리큘럼과 맞지가 않네요."
"지금 수업시간인데 다들 덥다고 옆 강의실에 있으면 어떡합니까!"
"1시간 동안 ppt자료는 제목만 보여지고 있네요!"
"그냥 정해진 대로만 진행해 주세요. 말 나오지 않게 조심합시다."
"취업교육 별 거 있나요. 취업구인정보 전달하면 됩니다."
"이번 교육 loss 안 생기게 철저한 통제 부탁드립니다."

교육의 몰입도를 높이기 위해 학습초기 교육생들의 일부 통제는 필요하다. 출결사항을 명확하게 하는 것이 방법론이 될 수 있다. 좋은 교육을 위해 얼마나 많은 교육자들이 애를 쓰고 있는지 정확한 숫자는 없지만 이런 사항은 모두가 공감하는 부분이다. 문제는 이러한 단순한 통제만으로는 교육의 효과를 최대로 끌어올리기가 만만치 않다는 것이다. 통제를 일부 자율로 바꾸는 노력이 필요하다 이런 노력으로으로 짧은 시간이지만 적은 인원의 교육생들이라도 긴 안목의 효과를 불러일으킬 수 있다면 수긍할 수 있어야 한다. 본말이 전도되어 교육의 내용보다는 출결이 학습에 더 크게 작용해서는 안 된다는 것이다. 결과수치를 숫자로 환산하기 위해 교육본질이 변질되는 일은 없어야 한다.

이제 취업교육은 과거의 답습에서 벗어나야 한다.
커리큘럼과 시간이 중요한 것이 아니라 실교육내용이 교육생들에게 얼마나 유용하게 접목되고 있느냐 하는 것이 더 중요하다. 시간만 흘러 교육이 정상대로 수료되었다 치더라도 취업의식은 제자리이고 방향성도 찾지 못하고 있다면 이런 낭패는 따로 없는 것이다. 이런 분위기에서 취업은 요원한 일일 수밖에 없고 취업이 된다 하더라도 연속성은 힘들어 보이게 된다.

현장교육의 중요성이 취업교육에 접목되어 일부 진행되고 있는 것도 사실이다. 이런 취업교육이 실질적인 Output을 만들어 내기 위해서는 교육내용이 보다 더 현실적인 기회를 갖도록 독려해야 한다. 잘 꾸며진 커리큘럼과 유명한 강사진이 중요한 게 아니라 교육내용이 현장에서 어떤 방법으로 풀려나가느냐가 훨씬 중요하다.

결국 취업에 대한 절박감을 본인 스스로 감지하고 풀어 나가는 과정이 취업교육이어야 한다.

외향적인 성격 때문에 대학에 입학해서는 공부보다는 대외활동에 더 관심을 갖고 치중했던 여학생이 있었다. 당연히 대학교 평점은 평균 이하로 누가 보아도 학교생활이 등한시되었다는 것을 쉽게 알 수 있었다. 졸업을 앞둔 4학년이 되어서야 조바심이 나기 시작했다. 시간을 되돌릴 수도 없고 이제 공부에 매진할 수도 없어 진퇴양난에 빠졌다. 취업이라는 현실적인 커다란 바위가 바로 앞에 놓여 있어 이를 어떻게 받아들여야 할지 고민이 컸다.

정면 승부를 하라는 조언에 따라 실무직무교육에 투자를 하게 된다. 남들과 다른 길을 걸었기에 이번 승부도 자신만의 도전으로 풀어 나가도록 독려하고 본인도 받아들였다. 처음부터 힘들고 외로울 수 있다는 것을 알려 주었고 할 수 있겠다는 본인의 의지가 만들어지자 취업이 가시권에 들어오기 시작했다.

남자들도 쉽지 않은 인테리어 현장영업직에 취업을 하게 되었다. 취업교육을 현장직무 위주로 받았기에 초기의 사회생활은 간간이 어려움은 있어도 의외로 차분하게 풀려 나갔다. 재미를 붙이고 자신감이 올라오기 시작했다. 이제는 자신이 선택한 결정들이 틀리지 않았음을 스스로 증명해 나가고 있다.

취업을 위해 현실감각을 버리고 대다수가 움직여 가는 취업교육에 올인했더라면 어떤 결과가 주어졌을까? 교육이수를 잘해서 취업에 성공할 수도 있었겠으나 그것보다는 취업이론만 완벽하게 정비된 상태로 실패했을 가능성이 더 컸으리라는 생각이 더 강하게 와닿는다.

취업교육의 시작은 본인의 상황을 인정하고 그에 맞추어 방향성을 찾아가야 한다. 누구보다도 적나라하게 자기 자신의 여건을 잘 알고 있기에 얼마든지 상황을 내게 유리하게 재단할 수 있다. 형식적인 취업교육에 목매는 대신 현장중심의 실제상황을 내가 나가고자 하는 취업방향으로 이끌어 갈 때 취업의 문은 조심스럽게 틈을 내주기 시작 할 것이다.

형식적이고 가식적인 취업준비에서 나만의 경쟁력을 추출하는 방향성을 유지하자.

✍ 덤으로 생각하기

- Output만 만들어 내는 취업교육에서 벗어나 Long-term의 마인드 무장하기

Brand에서 Fact의 시대로 전환

우리나라 사람들은 참으로 Brand를 선호하는 민족이 아닌가 싶다. 자기 이름을 자랑스럽게 내세우기보다는 이름 앞에 관직이나 그럴듯한 포장용 접두사가 붙여지기를 바란다. 누군가 그렇게 불러주면 흐뭇하기 그지없게 느낀다. 이는 아주 어린 시절부터 우리 곁에 자리를 잡았다. 지금은 많이 약화된 듯 보이나 초중고를 명문학교에 다니고 싶어 했고, 그런 자들을 몹시 부러워했다. 절정은 대학교 입학에서 보여지고 있다. 언제부터인지는 모르지만 서울대, 연대, 고대를 SKY대라고 묶어서 Brand화시켰다. 훌륭한 인재들을 배출한 대학에 들어가서 학문을 익히는 것은 좋은 일이나 굳이 이렇게 Brand로 각인시킬 사안은 아니었다. 역으로 훨씬 더 많은 비중을 차지하는 비 SKY대 출신들과의 위화감은 어떻게 희석시킬지에 대한 의견은 어디에도 없다.

대학을 Brand화시킬 수 있었던 저변에는 바로 취업이라는 일상의 문제가 자리를 잡고 있다. 남들보다 우월한 지위를 내세우고 싶고 그런 힘을 표출시키기 위해 좋은 직장에 들어가야만 한다고 생각을 했다.

좋은 직장에 들어가기 위한 선조건으로 유수한 대학에 들어가야 그래도 취업에 유리한 고지를 점할 수 있다고 판단했던 게다. 대학이 취업에 필요한 중요한 증빙서류가 되어 버렸다. 이런 흐름이 오래 지속되어 우리 사회의 한 단면을 형성하기에 이르렀다.

요즈음 시대는 너무 빠르게 변해간다.
빠르다는 느낌을 감지할 수 없을 정도로 그 속도는 가히 광속에 가깝다. 빠른 변화는 우리의 환경도 새로운 국면으로 몰고 가고 있다. 세상살이가 우리가 예단했던 대로만 흘러가는 것이 아니라서 이제는 이런 Brand 개념이 점점 쇠락해져가고 있는 상황이 전개되고 있다.
Brand라는 포장보다는 있는 그대로를 중요시하는 Fact 개념이 자리를 잡은 것이다. '애플', '삼성'이라는 Brand보다는 Smart-phone이라는 현실적인 가치인 범용화된 Fact가 훨씬 더 강하게 우리를 감싸 안고 있다.

세상이 급하게 변해가도 취업에서의 Brand 선호도는 변함이 없는 것이 작금의 우리네 상황이다. 직업에 귀천이 없다고 귀에 못이 박히도록 들어 왔지만 정작 본인이나 자식, 지인들이 결부되면 여지없이 Name-value에 집착하게 된다. 세상을 탓할 일도 누구를 비난할 일도 절대 아니다. 그런 환경에 오래 빠져있다 보니 그런 분위기에 익숙해져 있을 뿐이다.

"취업하고 싶은 기업 1순위는 어디입니까?"
"S그룹, L그룹, H공기업입니다."

"괜찮은 중소기업 많은데 꼭 대기업에 가야 합니까?"

"그렇게 좋으면 당신이나 중소기업에 가세요!"

"대기업은 일도 많고 오래 다니기 쉽지 않을 텐데!"

"폼 나잖아요! 돈도 많이 주고요! 적당히 다니다 나오면 돼요!"

"직장을 폼으로 다닙니까! 미래를 생각해 보세요!"

"찌질한 회사보다 백번 낫지요. 당신이나 미래 걱정하세요!"

직장이 자신의 겉모습을 지켜주는 중요한 도구로 간주되고 있다. Brand 있는 멋있는 직장에 취업해야 하는 절대적인 이유가 여기에 있다. 물론 일부이기는 하지만 소수의 개성 있는 지원자들 중에는 중소기업에 적극적으로 도전하는 사람들도 있다. Brand를 중요시해서 대기업에 지원하는 것은 잘못이고 열악하지만 중소기업에 소신 있게 지원하는 것이 무조건 맞다고 이야기하는 것은 아니다.

어느 곳에 어떤 생각으로 다가가느냐 하는 결정은 언제나 도전하는 자의 몫이다. 단지 시대가 새로운 획을 긋기 시작한다면 한 번쯤은 여유를 갖고 취업 Brand를 생각해 볼 필요가 있다는 것이다.

Brand를 실력에 접목시켜 취업을 그런 방향으로 몰고 가는 것은 전혀 바람직하지 않다. 옛날보다 많이 완화되고 개선되었지만 아직도 특정기업은 특별 Brand로 옹벽을 치고 있는 것도 사실이다. 인위적으로 이런 Brand를 제거하거나 도외시할 이유도 없다. 모든 일은 순서에 따라 흘러가는 것이 맞기 때문에 시간을 갖고 지켜보아야 한다.

우리나라 가정에서 쓰고 있는 백색가전 중에서 대기업 Brand가 아니지만 가장 선호도가 높은 제품이 하나 있다.

전기밥솥이다.

쿠쿠전자의 전기밥솥의 점유율은 대략 2018년 말 기준 70% 정도로 알려지고 있다. 우리나라 가정의 1/2 이상이 이 밥솥을 이용하고 있다는 말이다. 역사, 기술력, 인지도 등 제반여건을 감안한다 하더라도 이런 수치는 일반인의 예상을 훨씬 뛰어넘는 수준이다. 더욱이 Brand 개념으로 다가가면 시중에 삼성밥솥과 LG밥솥이 범람하고 각 가정의 주방에는 양 대기업 전기밥솥이 자리를 차지하고 있어야 한다.

밥솥의 Brand가 끝이 났음을 알리는 징표이다.

쿠쿠라는 새로운 밥솥 Brand의 등장으로 간주할 수도 있겠으나 그보다는 전기밥솥은 쿠쿠라는 새로운 Fact가 우리 곁에 다가온 것이다.

이때 취업과 연계해서 새로운 질문을 던져 보기로 하자.

취업 도전자들에게 뽑아 준다는 가정하에 Brand로 위세를 떨치고 있는 삼성, LG를 선택할 것이냐, Fact로 일부시장을 Leading하는 쿠쿠를 선택할 것이냐를 물었을 때 어떤 대답이 돌아올 것으로 예상이 되겠는가?

설문지를 만들어 물어보지도 않았고 물어볼 필요도 없어 보인다. 각자 자기의 판단에 의해 결정되는 부분이기 때문에 어떤 대답이 옳고 그름이 중요한 게 아니다. 새로운 흐름으로 Brand가 퇴조하고 현실이 중요시되는 Fact가 우리 주변을 점점 잠식하기 시작했음을 인지하면 그만이다. 이런 인식이 Brand 개념의 취업형태에서 새로운 방향으로 취업의 폭을 넓히는 계기가 되기를 기대해 본다.

면세점에서 급히 사람을 구한다고 연락이 왔다.
면세점이라는 특수지역 때문에 외국어가 필요했다. 특히 중국인 관광객을 상대해야 하는 빈도가 높아 중국어 가능자를 찾고 있었다. 급하게 구인을 해야 하는 사정 때문에 이번만큼은 외국어 능력이 뛰어나지 않아도 채용하기로 했다.
수행할 직무는 담배코너 캐셔였다.
참으로 아이러니컬한 상황이 전개되었다.
면세점이라고 했을 때 모두가 근무 의욕을 내보였다.
담배코너 캐서라는 말에 모두가 부정적으로 돌아섰다.

"중국어 실력이 그 정도는 아니라서요........"
"숫자 계산에 둔감한 편이라 근무가 힘들겠네요."
"일이 너무 힘들다고 가지 말라고 하네요."
"남들한테 이야기하기가 창피해서요."
"누가 경력으로 보아 줄 것 같지도 않아서요."

은연중에 Brand가 처지는 그런 일은 하기가 곤란하다는 내용이 숨어 있다.
중국어 실력이 뒤처지면 실무에 있으니 얼마나 빠르게 습득할 수 있는 기회인가!
숫자에 둔감한 편이면 이번 기회에 이를 반전시키면 어떨까?
남들이 말하는 부분보다는 내가 직접 경험해 보면 나을 수 있지 않겠는가?

담배코너, 캐셔가 어떤데! 일하고 대가를 받는 것은 차이가 없는데 말이죠!

보잘것없고 더러운 일도 누군가 해야 한다면 내가 하면 안 될까?

직무가 경력을 쌓아주는 게 아니라 경력은 내가 쌓아 가는 것인데!

아직까지도 Brand가 취업에 작은 걸림돌로 작용하고 있는 것으로 보인다. 좋은 Brand 기업에 취업하고 싶어 하고 역으로 훌륭한 Brand로 빛나는 인재를 뽑고자 하는 것은 지극히 자연스러운 일이다. 이런 자연스러움이 조금씩 Brand를 제치고 Fact 개념으로 이동 중임을 받아들여야 하는 시기가 도래된 것이다.

취업도 폼 나는 Brand 개념이 아닌 Fact 개념으로 바라볼 필요가 있게 되었다.

🐾 덤으로 생각하기

- Brand를 버리면 무엇이 보이게 되는지에 대한 시각정리

틀(Tool)을 깨는 Mind

가정용 새장 안에 있는 새가 행복할까?

아니면 창공을 훨훨 나는 새가 행복할까?

물론 우리는 새가 아니기 때문에 추정만 해 볼 수 있을 뿐이다.

그것도 각자의 생각에 따라 여러 갈래의 이야기가 나올 수 있다.

새장 안의 새는 먹이가 떨어지면 주인이 알아서 먹이를 주고 물이 떨어지면 물통에 물을 채워준다. 날이 더워지면 주인도 덥기 때문에 에어컨을 켜서 시원하게 해주고 추우면 히터를 켜서 거실을 따뜻하게 만들어 준다.

항상 쾌적한 환경을 만들어 준다. 그게 행복일까?

새장 밖의 새는 하늘을 마음대로 날 수 있는 자유를 누리지만 일주일 내내 먹이 한 톨 못 구하는 경우가 발생할 수 있고 천적에 잡아먹힐 수 있는 위험에 항상 노출되어 있다.

과연 어느 새가 행복한 것일까?

위험은 상존할 수밖에 없지만 틀(Cage)을 박차고 나온 새가 그나마 조금은 나은 행복을 누리지 않을까 조심스럽게 추정해 본다.

우리는 틀을 깨는 데 아주 인색하다.
틀을 깨는 노력조차 등한시하고 있다.
누군가 깨주기를 조용히 기다리고 있는지 모르겠다.

취업도 틀을 깨는 대신 새장 안에서 모든 문제를 해결하려고 버둥대고 있다.
경쟁에서 살아남기 위해서는 새장을 박차고 밖으로 나와야 한다.
밖으로 나오는 순간 너무도 많은 길 때문에 혼란에 빠질지도 모르겠다.
처음에는 당황스럽겠지만 서서히 길들이 보이기 시작할 것이다.
나만의 길을 찾아 나서야 한다는 것이다.

울타리 안에서 똑같은 조건을 들이대며 상대방을 조이는 방법은 별로 효과적이지 못하다. 말로만 창의를 외치고 구습에 빠져 있다.
그렇게 경쟁을 하는 동안 수많은 취업 도전자들이 상처를 입고 장애인이 되었다.
육체적으로는 멀쩡해도 정신적으로는 정도가 심한 장애자로 둔갑되었다.
본인들이 자초한 일이니 어디 따로 하소연할 데도 없다.
더더욱 중요한 것은 경직된 사고를 점검해야 한다는 것이다.
경쟁을 피하기 위해 틀을 벗어나는 것이 아닌데 잘못 와전돼서 현실 도피 하는 경우가 주변에서 왕왕 발생하고 있다.
이런 부분은 심히 조심해야 할 시점이다.

취업이 안 된다고 어느 날 갑자기 보따리 짊어지고 노량진으로 입성한다.

기약도 없는 공무원 준비를 시작한 것이다.

1년, 2년, 3년 안에 공무원 시험에 합격되어 취업이 완성된다면 당연히 그런 결정은 존중해 주어야 한다. 새로운 도전은 항상 신선하기 때문이다.

허나 얼마 만에 결과가 주어질지 모르는 막연한 싸움을 부추기는 일은 없어야 한다. 분위기에 편승해서 취업을 도모하는 일은 지양해야 한다.

새장의 틀을 깨고 나와 더 치열하게 세상과 맞닥뜨려야 한다.

젊은 날 무슨 일이든지 할 수 있다는 생각을 왜 안 하는가?

주변의 시선이 그리 두려운가 말이다.

취업의 틀을 깨는 과감함을 실행하기 위해서는 개개인의 취업조건을 먼저 점검해야 한다. 취업에 도전하는 전제조건 중에 내가 가장 중요시 여기는 부분이 어디인지 분명히 해야 한다.

취업조건을 개략적으로 살펴보자.

연봉
기업 Name-value
기업성장 가능성
개인성장 기회

경력 디딤돌
시대조류 부합
가치충돌

기존에 많이 거론되었던 조건들
적성
인맥
근무환경
기업문화
복지수준
고용안정성
비연고지근무
비전공직무
등은 제외하였다. 이는 조건이라기보다는 내가 누렸으면 하는 혜택이
기 때문에 거론하지 않겠다.

나는 어떤 일을 하고 싶고, 어느 일을 잘할 수 있고, 어떤 기업에 들
어갈 것인지를 본인이 결정해야 한다.
친구가 돈을 많이 주는 기업에 들어갔다고 나도 따라갈 이유가 없다.
지금 호황을 누리고 있는 산업직군에 관심을 가지고 도전할 것인지
아니면 지금은 연봉도 적고 미래가 분명하게 보이지는 않지만 가능성
은 믿고 싶은 기업에 지원할 것인지 전적으로 자신이 결정해야 한다.
보호막이 쳐진 울타리 안에서는 모험이 자라날 수 없다.
틀을 깨지 않으면 그러저러 밥 벌이 먹고 사는 쪽으로 안주하게 될

것이다.

기존의 틀을 허물고 새로운 이정표를 세우는 일은 아무나 할 수 있는
일이 아니다.
남이 할 때는 쉬워 보여도 막상 내가 움직여 가면 사방에 놓여있는
장벽 때문에 앞으로 나가기가 어렵다. 세상의 흐름에 편승하고 남들
이 취업하는 곳에 동승하면 편한데 말이다!

35년 전 모두가 반대했던 반도체산업, 과거의 틀을 부수고 새로운 틀
을 만들어 우리나라 전체를 30년 먹여 살렸다.
30년 전 증권가가 폭발할 때 기존의 틀을 깨고 세상에 나온 친구는
증권계를 휘어잡고 금융권의 대부로 자리를 잡았다.
20년 전 새로운 밀레니엄시대 이후 급속하게 성장한 게임산업은 기존
의 틀에 새로운 틀을 접목시켜 우리나라 부의 재편을 이루는 초석을
다졌다.

이런 새로운 틀은 동참하는 이들이 없으면 뿌리를 내리기가 어렵다.
지금도 이런 새로운 틀은 계속해서 만들어지고 있다.
새로운 틀은 기존의 틀을 깨야 보이기 시작하기 때문에 걸림돌이 많다.
결국 틀을 깨는 작업부터 모든 일이 매우 힘들고 어렵다는 것이다.

군이 왜 이런 어려운 길을 가려고 하느냐고 묻기도 할 것이다.
실제 취업에 자신이 있다면 사서 고생할 필요가 없을 것이다.
갈 곳이 정해져 있는데 틀이고 나발이고 관심이 있겠는가?

기회가 적고 아주 없는 사람들에게는 이런 상황을 자기 것으로 만들어야 한다는 것이다.

취업이 어렵다면 앉아 있을게 아니라 도끼라도 들고 틀을 깨서 기회를 잡아야 할 게 아니겠느냐는 것이다.

취업의 기회는 누구에게나 동등하게 다가온다. 이제 틀을 깨든 안 깨든 결정은 당신의 몫이다.

❧ 덤으로 생각하기

● 과거, 관습의 갇혀진 사고를 허무는 방법에 대해 고민해 보자

사회진출, 취업을 준비하는 덕후자세

취업을 한다는 것은 본격적으로 사회에 진출한다는 것을 뜻한다.
빠른 사회진출 시기는 대략 고등학교를 나서는 20세 전후로 보면 된다.
따라서 사회통념상 고등학교를 졸업하면 사회인으로 보는 것이 맞다.
물론 아직은 불완전한 모습임에는 틀림없지만 사회인의 모습이다.
대학에서 학업을 지속하든 직장생활을 시작하든 대부분의 일처리가 자기 책임하에 이루어지기 때문에 당연히 사회인으로 간주되어야 한다.

우리나라의 대학 진학률은 70-80%를 오르내리는 높은 수준이다. 고등학교를 졸업하고 곧바로 사회생활을 시작하는 젊은이보다 월등하게 많은 청춘들이 자의반 타의반으로 대학생활을 하고 있다.
그 속을 들여다보면 전문인으로서의 소양을 쌓는 것과 아울러 본의 아니게 사회생활의 준비를 4년 더 하게 되는 상황을 연출하고 있다고 보아야 한다.
좋은 기회를 가지게 된 것은 분명한데 제대로 된 준비보다는 형식적인 시간을 채우는 데 급급한 모습이 역력하다.

4년을 준비한 친구나 2년을 준비한 친구나 고등학교 졸업과 동시에 사회생활을 시작한 친구 모두가 다 비슷한 역량을 가진 친구들로 보여진다면 이는 분명 문제가 있는 것이다.

"대학 4년 동안 뭐 배웠어요? 아는 게 이게 답니까?
"외국어 실력이 고등학교 졸업자와 별반 차이가 없네요!"
"본인의 장점 3가지도 이야기 못 하는 이유가 뭡니까?
"전공을 어떻게 활용할지 생각 안 해 보셨습니까?
"자신의 미래에 대해 이렇게 무책임해도 되는지 모르겠네요!"

우리나라 대학 진학률을 잠정 80%로 잡는다면 중도 탈락을 감안하더라도 대학 입학자 중 70% 정도는 졸업을 하고 사회에 진출하게 된다고 보아야 한다.
각자의 입장에서 보면 대부분이 사회진출을 위해 나름대로 열심히 준비해오고 있다고 항변할 것이다. 사회여건과 졸업당시 주변 환경 때문에 일부 준비가 소홀해질 수 있음을 변명으로 흘릴 수도 있다.
액면 그대로 받아들여 그렇다 치더라도 작금의 사회진출자들의 용태는 심히 안타까운 점이 한두 가지가 아니다.
사회진출을 마지못해 하는 친구들이 있다면 얼마나 될까?
재미 삼아 사회진출을 계획하는 친구들은 또 얼마나 될까?
굳이 그런 통계를 내 볼 필요는 없어 보인다.
아주 극소수의 무리를 제외하면 대부분은 사회진출에 큰 의미를 부여하고 있다.
개인적인 편차는 있을지 몰라도 사회진출을 부정적으로 몰고 가는 경우는 거의 없다.

사회진출은 인생의 전부를 걸고 도전해야 하는 열정적인 작업이 되어야 한다.
그 열정적인 덕후자세에 대해 생각해 보기로 하자.

첫 번째 자세는 본인의 정체성 정립이다.

사회진출에 앞서 내가 누구인지 스스로 정리해 보아야 한다.
나이가 몇이고 어느 대학 무슨 과를 졸업했는지가 중요한 게 아니다.
나는 지금까지 어떤 방향으로 살아 왔는지 정리가 되어야 한다.
그래야만 향후 어떻게 살아갈 것인지 스스로 규명하게 된다.
주어진 환경에 따라 여유 있게 설계를 할 것인지 더 처절하게 살아야만
할 것인지 아니면 한탕주의로 가야만 하는지 청사진을 펼칠 수 있다.
여기서 한탕이란 의미는 부정적인 뜻이 아니라 빠른 결론을 얻기 위
한 방법이다.
적어도 사회에 나가서 자기 몫을 하기 위해 내 정체성을 세상에 자신
있게 내놓을 수 있는 자신감이 절대적으로 필요하다.

두 번째 자세는 본인의 장점을 확실하게 구축하는 것이다.

신은 참으로 공평해서 인간이라면 모두에게 하나 이상의 장점은 만들
어 준 것 같다. 이는 일일이 사례를 열거하지 않아도 주변에서 쉽게
찾아볼 수 있다.

자신만의 장점을 가지고 있고 본인도 잘 알고 있으나 정작 이 장점을 활용하지 않고 타인의 장점을 따라가자 하는 경향이 우리 사회에 더 지배적이다.

자신만의 장점을 극대화시켜야 한다.

내가 가지고 있는 장점은 타인이 대신할 수도 없는 나만의 경험 축적물임을 인지하고 스스로 확신을 가져야 한다. 설사 과거로 회기한다 해도 똑같은 경험으로 지금의 장점을 만들 수 있을지는 불확실하다.

어렵게 일구어낸 내 장점을 확실하게 가꾸어야 한다.

미래로 나아갈수록 독창성이 강하게 요구되는 시기에 살고 있다.

공생의 환경이 우리를 묶고 있지만 개인주의 사회가 점점 뿌리를 내리기 때문이다.

여러분 모두는 자신의 장점을 자랑스러워해야 한다.

세 번째 자세는 실행의 의지이다.

평범한 보통의 사람들은 머리로 생각만 하고 실천에는 상당히 인색하다. 실행 자체와 실행에 뒤따르는 결과에 대한 두려움 때문일 것이다.

대부분의 사람들은 누군가 실행을 해서 검증이 된 이후 따라가는 흐름을 택하게 된다. 최대한 위험부담을 줄이려고 하는 것이다.

세상만사는 위험을 가까이 하고 싶어 하지 않는다. 되도록이면 위험을 회피하고자 하는 방향으로 일을 추진한다. 설령 위험을 안을 수밖에 없을 때는 이를 최소화하는 데 모든 역량을 집결시킨다.

위험과 맞서지 않으려는 처신을 비난해서는 안 된다. 실행에 대한 결과는 스스로 책임을 져야 하기에 순리대로 움직여 가는 것이 맞다.

그럼에도 불구하고 강력한 실행의 의지는 지니고 있어야 한다.

닥쳐올 실패에 대한 부담감으로 도전이 멈추는 것은 과감하게 혁파해야 한다.

"High Risk High Return"의 의미를 곱씹어 보도록 하자!

✎ 덤으로 생각하기

● 절박감으로 다가가는 사회진출의 도전을 긍정의 시그널로 표현해 보자

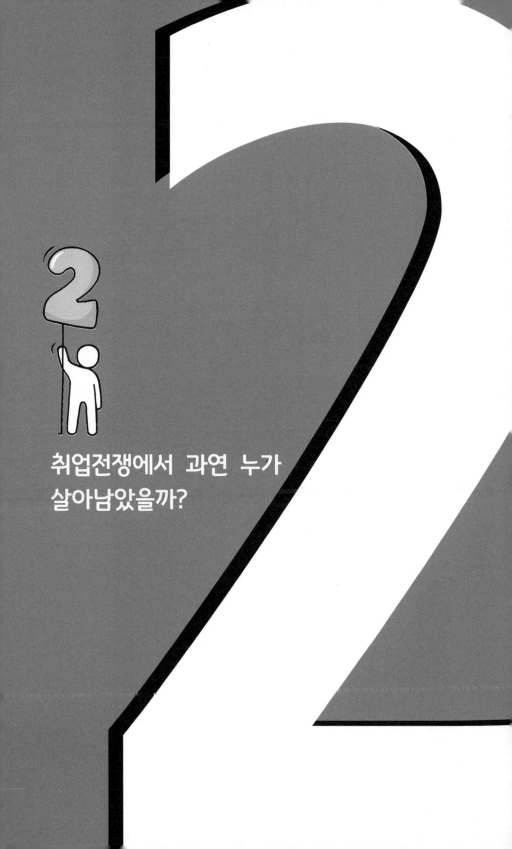

2

취업전쟁에서 과연 누가
살아남았을까?

경험이란 최고의 Spec

취업에 안착하기 위해 누구나 노력을 경주한다.
평범한 방법론에 의지하는 사람도 있을 수 있다.
조금 더 특이한 방법을 활용하는 경우도 있다.
기존의 방향과는 아주 다른 취업준비를 하게 되는 상황도 전개된다.

어떤 방법이 되었던 공통으로 다가가야 하는 부분이 있다.
스펙(specification) 쌓기이다.
스펙이란 직장을 구하는 사람들 사이에서, 학력·학점·토익 점수 따
위를 합한 것을 이르는 말로 불리어진다.
이런 통상적인 단순한 스펙은 누구나 가지고 있는 것으로 스펙의 가
치로는 상당히 떨어진다고 볼 수 있다.

취업 도전자들에게 이 부분이 어렵게 다가올 수가 있다.
상대방에게 변별력을 제시해야 하는데 차변성이 없는 스펙으로 설득
하는 것은 무리라는 생각을 하게 되는 것이다.

도대체 어떤 스펙을 보여주어야만 내가 살아남을까?

저마다 살아남기 위해 처절한 스펙을 준비하고 있다.

단순 평범한 학점이 아닌 만점에 가까운 성적관리를 하는 친구
TOEIC을 포함한 외국어 점수에 열정을 집중하는 친구
단기 해외연수로 자기포장에 올인하는 친구
수많은 대외활동을 통해 자신의 약점을 커버하는 친구
다양한 아르바이트 활동을 사회경험으로 내세우는 친구
봉사활동으로 받은 많은 양의 징표를 제시하는 친구
쉴 새 없이 자격증을 모으는 친구
공모전에 뛰어들어 입상을 목표로 일상을 보내는 친구

일련의 스펙 쌓기를 해서
학점 3.5 – 4.0
토익 800점대
어학연수 경험 1회
자격증 2 – 3개
인턴경험 6개월 이상 1회
사회봉사활동 3회 정도
아르바이트 경험 5가지

이런 정도면 대기업 지원자격쯤은 된다고들 한다. 자격은 되는데 실제 취업으로 이어지게 되느냐 하는 것이다.

물론 이에 덧붙여 개개인의 능력에 따라 취업의 당락이 결정되겠지만 단지 위에 열거한 스펙만으로 취업에 도전하는 것은 어딘가 불완전하다는 느낌을 받게 된다.

인위적으로 급조된 취업 맞춤형 기계로 전락된 기분이 들게 된다.

본인 스스로 흡족하고, 상대방이 누군지는 모르지만 스펙을 들여다보고 주저 없이 긍정의 시그널을 보내는 진짜 스펙이 필요하다.

30여 년 전 공부도 잘했고 능력도 있어서 미국으로 유학을 떠난 친구가 있었다. 그 당시 해외유학은 먹고사는 데 급급한 우리 내 형편으로는 꿈꾸기도 어려운 일이었다. 유수한 대학으로 유학을 떠나는 친구를 모두가 한마음으로 기뻐했고 부러워했다.

시간이 흘러 현지에서의 열악한 환경을 잘 극복하고 6년 만에 박사학위를 취득해서 금의환향하게 되었다. 모두의 관심은 박사학위에 초점이 맞추어져 있었다. 그 힘든 과정을 어떻게 이겨 냈는지 지나온 피눈물 나는 역경이 주 관심사였다.

다른 방향으로 질문을 던져 보았다.

유학생활 하는 동안 색다른 경험을 했는지 물어보았다.

공부할 시간도 빠듯한데 한눈팔 시간이 있을 수 있느냐는 것이었다. 그 정도로 공부에 집중했기에 6년 만에 석사, 박사학위를 손에 넣을 수 있었다고 이야기했다.

기숙사 - 강의실 - 도서관 - 식당, 식당 - 도서관 - 강의실 - 기숙사로 이어지는 시무하시만 6년 동안 이 Routine을 한 번도 어기지 않았기에

소기의 목적을 달성할 수 있었다고 설명했다.
다른 의견을 제시했다.

박사학위를 취득했고 그 학위가 평생 너와 함께할 스펙임은 부인할
수 없으나 궁극적으로 너를 지켜 주는 폭넓은 경험 스펙으로 자리를
잡을지를 물어보았다.
머뭇거리며 명확한 답을 회피했다.

어렵게 해외유학을 갔기에 공부에 전력투구를 하는 것은 당연하다.
그래도 시간을 쪼개어 나름대로의 살아 있는 경험을 해 보았어야 했
다. 설사 그런 경험 때문에 학위취득이 1–2년 뒤로 미루어지면 세상
이 바뀌는가?
접시닦이 아르바이트도 해 보고 푼돈을 모아 미국횡단 여행도 해보
며, 북쪽 5대호, 남쪽 플로리다, 라스베이거스 도박장에도 들어가 보
고 뉴욕 슬럼가에서 흑인에게 위협도 당해 보았어야 했다.

어려운 해외유학을 통해 얻기 힘든 박사학위를 내 것으로 만든 과정
은 수백 번 칭찬받아도 지나치지 않을 정도로 고귀한 스펙임에 틀림
없다. 이런 스펙과 함께 살아 있는 기회가 주어지고 만들 수 있다면
과감하게 경험 관련 스펙을 최대한 많이 가져 보라는 것이다.
인생을 화려하게 비추어 줄 학위보다는 몸으로 부딪친 산 경험이 더
큰 스펙으로 다가오는 것을 감지할 때는 이미 오랜 시간이 흐른 후
일 것이다.

공부에 별 흥미도 없고 잘하지도 못 했기에 지방대학에 들어가게 되었다.

전공학과도 그저 그런 과로 대학생활은 무미건조했다.

그렇다고 취업을 위해 남들처럼 다양한 스펙을 준비한 것도 아니었다.

시간은 잘도 흘러 졸업을 목전에 두는 상황에 이르렀다.

그동안 나는 도대체 무엇을 하고 지낸 것인가 뒤돌아보았다.

정말로 아무것도 한 것이 없었다.

한심하기도 하고 미래에 대한 두려움도 같이 엄습해 왔다.

취업을 위해 이력서 자기소개서를 쓰며 자괴감에 빠졌다.

어느 칸 하나 제대로 쓸 것이 없었다.

지금부터 모든 것을 새로 시작할 수는 없어도 문제점을 알았기에 현실적으로 해결할 수 있는 과정을 이수하기로 했다.

실무취업과정을 진행하며 자신 있게 쓸 수 있는 스펙을 찬찬히 되짚어 보았다.

하나가 손에 잡혔다.

담당교수와 진지하게 의견을 교환하며 형상이 조금씩 그려졌다.

취업을 위해 노력한 것이 없었기에 쓸 것이 없는 것은 당연했다.

다행히 나만의 경험이 가슴속에 담겨 있었다.

가슴 답답한 학교생활에서 한 번 일탈을 해보기로 결정했다.

아르바이트를 시작했고 돈을 모으기 시작했다.

여행을 하기로 한 것이다.

남들 다하는 관광도 아니요 배낭여행도 아닌 트래킹을 하기로 했다.

지역은 네팔의 히말라야였다.

산악 전문가가 아니었기에 고생할 각오를 하고 출발했다.

보름 남짓 정말 개고생을 하게 되었다.

'내가 미친 짓거리를 하고 있구나'라는 생각을 수도 없이 하였다.

정말 많은 생각을 했고 오만 가지 잡생각으로 머리가 혼란스러웠다.

트래킹에서 일상으로 다시 돌아왔다.

특별한 느낌도 없었고 새로운 모멘텀도 없었다.

한참이 지난 지금에야 그것이 진정한 스펙이었고 나를 잡아준 중요한 Turning-point였음을 알게 된 것이다.

자신 있게 트래킹 경험을 자기소개서에 썼고 이 부분이 취업 통과에 지대한 영향을 미쳤음을 나중에 알게 되었다. 학교, 학점, 자격증, 외국어, 대외활동 어느 하나 내세울 것이 없는 친구가 L그룹에 입사하게 된 것이다.

스펙은 사전에 철두철미하게 기획되고 설정되어 실행되어야만 하는 것이 아니다.

보잘것없어 보이지만 나만의 경험이 최고의 스펙이 될 수 있음을 기억했으면 한다.

⤷ 덤으로 생각하기

- 내가 정의 내리는 스펙과 내가 가지고 있다고 생각하는 스펙 나열하기

나를 믿어야 취업할 수 있다

대학교 4학년 학생이 취업을 위해 취업 프로그램에 몸을 담게 되었다.
첫날 오전 4시간이 지난 점심시간에 면담을 요청해 왔다.
수업 내내 의구심이 잔뜩 실린 표정으로 참석하고 있었다.

"이 프로그램을 이수하면 정말 취업이 될까요?"
"제가 믿음이 갈 수 있게끔 실체를 보여주세요!"
"취업은 학생이 하는 것이고 취업에 대한 믿음은 학생의 몫이다."
"자신을 못 믿고 교수를 믿어서 취업을 하는 건 개인적 기만이다."
"스스로 자신을 믿게 될 때 다시 프로그램을 이수하도록 해라!"

완곡한 표현으로 에둘러서 그 학생을 돌려보냈다.

요즈음 취업을 준비하는 많은 도전자들이 가지고 있는 막연한 불안감
중에 하나가 믿음에 대한 결여로 보인다.
정부를 불신하고 기업을 의심하고 취업정보를 호도하고 있다.

어느 것 하나 의지할 곳이 없다고 하소연한다.

믿을 구석이 없으니 답답할 뿐이라는 것이다.

문제는 본인 스스로를 믿을 수 없다는 것이 더 큰 쟁점인데 간과하고 있다.

취업전쟁에 나서며 무장해야 할 기본 중에 하나가 믿음이다.

취업할 수 있다는 믿음.

취업할 기업이 있다는 믿음.

나를 인정해 줄 곳이 있다는 믿음.

실패해도 이겨 낼 수 있다는 믿음.

주변에 나를 배려하는 존재감이 있다는 믿음.

궁극적으로 스스로 자신을 신뢰하는 강한 믿음.

취업준비를 어떻게 하고 어떤 기업에 도전하느냐에 앞서 믿음이 정리가 되지 않은 상태로, 특히 자기 자신을 믿지 못하는 상태로 취업전선에 뛰어드는 것은 자멸을 스스로 자초하는 일이다.

실패할 수 있는 것을 자연스럽게 받아들이는 아량과 재차 도전하는 자기 자신을 누구보다도 자랑스러워할 줄 알아야 한다. 고작 내 수준이 이것밖에 안 되었나 하는 자격지심은 버려야 한다.

이름이 조금 떨어지는 지방대학을 나오면 어떻고 전문대학을 나왔으면 어떠냐 말이다! 눈에 띄는 전공을 이수하지 못했다는 이유로 자라곡이 될 필요는 없다. 내가 결정하고 내가 수행한 것에 대해 사부심을 가져야 한다. 내 하찮은 일상에 시비를 걸면 강하게 항변하며 맞서야 한다.

지금의 나를 만든 건 바로 나이기 때문이다.

취업에 이런 자세가 결여되어 있다면 처음부터 취업은 조금의 틈도 안 내 줄 것이다. 자기 자신을 믿고 취업에 도전해야 하는 이유가 여기에 있다.

3년 동안 취업에 실패해 오고 있는 도전자가 있다.

인성으로 치면 선하기 그지없고 착하디착해 누구 하나 비판의 소리를 던지지 않는 친구다. 모두가 당신 같은 사람을 왜 쓰지 않는지 이해가 안 간다고들 이야기한다.

자신의 나약한 면을 본인 스스로 알기에 무언가 대체할 수 있는 방법을 강구했다.

TOEIC 점수를 올려 자신감을 높이고 취업의 문턱도 낮추어 보려고 하였다.

노력한 만큼 토익점수는 올랐다. 500점에서 600점, 700점, 800점으로 상향 조정되었다.

취업에 대한 믿음은 과연 얼마나 올랐을까?

거의 제자리였다.

자신에 대한 믿음 역시 제자리여서 취업을 향한 움직임은 별로 나아진 것이 없었다. 나날이 자괴감으로 채워졌다.

계속해서 취업에 실패한 이유는 분명했다.

믿음이 사라진 얼굴을 하고 있기 때문이다.

토익점수가 올라가는 것이 중요한 것이 아니라 그로 인해 자신감이 업그레이드되어야 함에도 토익 성적표만 덩그러니 남은 것이다.

기업은 적자생존의 전쟁에서 무조건 이겨야 살아남을 수 있다. 그런 전투에서 과감한 승부를 펼칠 수 있는 사람을 뽑을 수밖에 없다. 착한 인재들만 뽑아 자선 사업을 하려는 것이 아니기 때문이다. 강한 정신력의 인재를 뽑아야 기업의 생존을 지속적으로 이어갈 수 있기에 의지가 약해보이는 믿음성 결여의 인재는 기피할 수밖에 없는 것이다.

인간에게 믿음이란 존재는 하루아침에 다가오는 것이 아니다.
일정기간 시간이 지나야 믿음이란 싹은 움을 트게 된다.
어렵게 피어난 믿음은 여건이란 토양이 충분히 자양분을 공급할 때 우리 곁에서 성숙하게 자리를 잡게 된다.

취업이 어느 날 갑자기 이루어지는 것이 아닌 것은 믿음의 흐름과 맥을 같이 하기 때문이다. 주변이 믿음으로 차 있다면 취업에 대한 믿음도 커지게 된다.
사회에 진출하려는 사람이 사회와 국가에 대해 믿음을 갖지 않고 있다면 선뜻 직업을 가지고 일하는 데 주저할 수밖에 없다.
본인의 믿음이 미리 정리되어야 한다.
기업 입장에서 보면 자기 자신에 대한 믿음이 떨어지는 친구를 굳이 합격시켜 일을 맡기는 것은 별로 환영할 만한 일이 아닐 것이다.

"저는 아는 것두 따히 없고 가진 것도 별빈 내세울 게 없시만 세 사신을 믿습니다."

"적어도 제 믿음이 이 회사에 누를 끼치지는 않을 것입니다."

"저를 믿고 세상을 믿기에 도전은 계속될 것입니다."

"하찮고 저급한 믿음이지만 한번 믿어 보시지 않겠습니까?"

자신을 믿는 자의 모습에서 이미 취업의 당락은 결정되었다.

🔖 덤으로 생각하기

● 험난한 세상을 헤쳐 나가기 위해 어떤 믿음을 안고 있는가?

정답과 수정이 주는 교훈

어려서부터 우리는 정답을 말하고 골라야 하는 카테고리에 깊이 빠져 있다.

완벽한 정답만을 선별하여 만점을 받으면 모두가 환호성을 질렀었다.

정답이 우리 생활에 뿌리를 내리고 정착되어 버린 것이다.

틀린 오답을 이야기하면 비난과 핀잔으로 힘겨워했다.

정답만을 취급하는 기계가 되어 버렸다.

한때 반짝했던 정답 관련 TV프로그램이 있었다.

문제를 맞히면 귀여운 소녀가 "정답입니다"라고 외치는 프로그램이었다.

정답이 모든 것을 대변해 주는 중요한 구심점으로 작용함을 보았다.

정답이라는 너울에 모든 것이 가려지는 흐름을 거스를 수가 없었다.

자 이제 정답을 취업에 대입하면 어떤 결과를 얻게 될까?

학교를 졸업하기 전에 입도선매식으로 취업이 되어야 한다.

서너 군데 취업이 되어 기업을 골라 가야 한다.

직무를 내가 마음대로 선택하는 기회를 얻는다.

학벌이 우수하면 취업에 우선권을 부여받는다.

취업의 전제조건으로 개인별 기득권을 인정받는다.

학교는 취업의 Bridge 역할만 담당한다.

취업정책은 판만 깔아주면 되고 결과는 판 위에서 춤을 춘 자의 몫이다.

자격증, 외국어 점수는 각자 알아서 취득한다.

취업 프로그램에 기계적으로 동참하면 취업을 보장받는다.

이력서, 자기소개서 컨설팅을 통해 완벽한 Format을 갖춘다.

정답이라기보다는 취업에 바라는 수준 높은 이상이라 할 수 있겠다.

이런 이상형 정답은 다가올 수도 없고 그렇게 되어서도 안 된다.

어떤 흐름을 만들어야 정답에서 벗어나 현실적이라는 이야기를 듣게 되는가?

이제 우리들이 알고는 있지만 잊고 지내는 부분을 상기시켜야 한다.

정답이 틀리면 행했던 행동이 있었다.

오래전부터 무의식적으로 해오던 일상이다.

수정!

바로 수정이다.

틀리면 수정을 했고 수정을 통해 반성과 새로운 길을 모색했다.

그런데 그 수정이 우리 곁에서 사라졌다.

시기는 정확하게 알 수가 없다.

아마도 정답을 더욱 강하게 요구하면서부터였을 것이다.

어떤 사안이 집행되면 절대 틀리는 일은 없어야 했다.

설사 틀리는 경우가 생겨도 그 틀림을 묵살하고 기존의 정답을 고수했다.

한 번 정해진 정답은 손을 대면 안 되는 철옹성을 구축했다.

그 권위에 도전하는 것은 파멸을 각오해야 하는 혁신밖에 없었다.

고용.

고용정책.

취업.

취업정책.

이들도 예외는 아니었다.

국가적으로도 너무 중대한 사안이라 새로운 방향성이 정해질 때마다 그 산고의 고충은 직접 관여하지 않은 사람은 감도 잡기 어려운 느낌이다.

국가 100년 대계를 책임질 젊은 동량과 일을 해야 하는 다계층의 사람들을 한데 어우르는 일은 정말 복잡하고 난해한 일이다.

복잡하고 어려운 일일수록 Plan을 세우는 일은 고통스러운 일이다.

힘들게 만들어지지만 세상에 완벽한 Plan은 없다.

그런 계획은 세울 수도 없고 또 그렇게 세워서도 안 된다.

변화는 수시로 다가오기 때문에 항상 유연하게 받아들일 준비를 해야 한다.

"중간에 계획이 바뀌면 안 된다고요?"
"계획이 수시로 바뀌어 누더기가 되면 누가 책임집니까?"
"새로운 계획을 세운들 달라지겠어!"
"원안대로 하세요! 불편하게 하지 맙시다."
"지금은 때가 아닌 듯합니다. 때를 기다립시다."
"좋은 의견이신데 예산이 없어요. 새로운 추가예산이 불가능해요."
"내년이면 모를까 지금 바꾸는 것은 어렵지요."
"지금의 Rule을 다 바꾸어야 하는데 아무도 안 하려고 할 겁니다."

수정을 하는데 왜 이렇게 인색하게 되었을까?
고쳐서 먼 미래로 나가자고 하는데 왜 반대할까?
지금 당장 취업자들을 보내야 한다는데 왜 등을 돌릴까?
취업에 목마른 사람들의 외침이 묻히고 있다.

근간이 고쳐지지 않는 데에는 이유가 있게 된다.
그 이유를 비난하거나 헐뜯어서는 안 된다.
그런 불변의 이치도 받아들일 수 있어야 진정한 수정이 보인다.
변할 수 없다면 내가 변하면 된다.
내가 수정을 하는 것이다.

취업의 방향성을 바꾸어서 도전을 하는 것이다.
이전의 진로와 조금 다르면 어떤가?
이를 발판으로 추후에 내 진로로 다시금 돌아가면 된다.

중간중간 수정을 할 수 있는 유연한 사고는 초기 Plan에서 잡아 주어야 한다.

최선의 진로.

차선의 진로.

차차선의 진로.

차차차선의 진로.

적어도 서너 가지의 방향성은 가지고 출발을 해야 한다.

편의점이라는 직종에 Feel이 꽂힌 친구가 있었다.

우연한 기회에 편의점에서 일하게 된 이후 이곳이 내가 평생 일할 곳이라는 강한 느낌을 받았던 것 같다.

열정적으로 일에 매달렸다. 누가 보아도 진정성이 보였다.

그런 노력이 물거품이 되며 정규직 심사에서 탈락하는 안타까운 현실에 놓였다.

생각지도 못한 충격에 한동안 방황이 지속되었다.

정신을 차리고 새로운 취업에 매달렸지만 편의점만 눈에 들어 왔다.

인턴, 계약직 포함 비정규 채용에 이르기까지 편의점 구인공고가 올라오면 모두 지원하였다. 지원하는 데마다 실패를 경험하게 된다.

2년이란 세월이 흔적도 없이 사라졌다. 같이 졸업한 친구들은 작은 기업이지만 벌써 승진한 친구도 있었고, 처음 직장을 발판으로 자기가 가고자 하는 기업으로 이직하는 친구도 생겼다.

진로를 수정해야 함을 느끼기 시작했다.

영업.

영업관리.

매장관리.

판매관리.

영업마케팅 제반관리.

보다 폭넓은 범주를 취업의 둘레로 받아들이기 시작했다.

생각했던 것보다 많은 방향성이 보이기 시작했다.

이제야 취업에 대한 자신감과 진로에 대한 확신이 들기 시작한 것이다.

취업에 관한 한 어디에도 정답은 없었고 그 정답을 쫓을 이유도 없다. 취업이 제동이 걸리고 시야가 흐려지면 먼저 수정을 하고 달라진 세상과 만나야 함을 간직하자.

✏ 덤으로 생각하기

- 사회진출을 향한 도전에 정답은 존재하는가?

승부욕심

세상살이는 어느 것 하나 만만한 것이 없어서 이 험난한 세상에 살아 남기 위한 몸부림은 한시도 멈추어서는 안 된다.

생존하기 위해 주변을 의식하며 매일 전쟁을 치르고 있는 게 현실이다.

학창시절에는 점수라는 객체를 사이에 두고 친구들과 끝없는 승부를 펼쳐야 했다.

공부와 아주 담을 쌓은 학생이 아니라면 1－2점 차이로 친구보다 석차 가 뒤로 밀리게 되면 왠지 승부에서 뒤쳐졌다는 기분에 참담했었다.

내 의지와는 상관없이 승부의 세계에 깊이 빠져 있던 우리는 사회진 출을 앞둔 취업 도전자가 되었을 때는 의외로 이런 승부욕이 심하게 감퇴됨을 느끼게 되는 것은 어떤 이유일까?

취업이 어렵다고 날마다 세뇌되어 승부욕을 아주 버리게 된 것은 아 닌지 자못 거정스러워지는 오늘날이다.

"일단 학교에서 제동이 걸리지, 지켜보면 알 거야!"

"블라인드 채용인데, 알 수 있을까요?"

"면접 가면 자연스럽게 알게 될 텐데, 안 그래?"

"준비 많이 했는데 정말 맥 빠지네요."

"그래도 열심히 부딪쳐 봐야 하지 않겠어!"

"이런 상황이면 취업되겠어요?"

"그게 현실인데 어찌하냐고, 받아들여라."

"또 떨어질 텐데 지원해야 하나!"

"그냥 알바하면서 지내는 게 속 편한 거 아니겠어요."

취업을 준비하는 도전자치고 생각지도 않은 벽에 부딪쳐 보지 않은 이는 하나도 없을 것이다. 그런 벽에 부딪쳐 튕겨져 나올 때마다 어떤 생각들을 하게 됐을까?

아마도 취업하려고 하는 의지가 대폭 꺾이고 승부하고자 하는 욕심도 반감되었을 것이다. 자신감이 흔들리기 때문이다.

승부욕심이 점점 멀어지고 있는 반증이다.

취업설계는 이런 벽을 뛰어넘는 승부욕을 먹고 자라난다.

승부욕이 없는 상태로 취업을 진행하는 것은 자기기만이다.

도전만 덜렁 존재하고 싸울 의사가 없다면 이미 취업은 물 건너간 것이다.

메말라버린 승부 의욕을 북돋아 주기 위해 필요한 사람이 취업가이드이다.

앉아서 길이나 안내하는 취업가이드는 필요 없다.

취업과 정면 승부를 펼칠 준비가 필요하다.

이런 승부욕심은 한순간에 만들어지는 것이 아니다.

승부에 대한 관리가 평소에 필요한 것은 당연하다.

영어를 전공하고 경영학도 부전공으로 선택하며 취업입지를 넓히던 친구가 있었다.

두 가지 전공을 융합하면 취업에 시너지 효과를 얻을 것으로 기대했다.

막상 취업시즌에 돌입하자 기대는 낙담으로 변해갔다.

생각만으로 취업이 되는 것이 아님을 절감하기 시작했다.

원래의 방향과는 전혀 다른 길을 선택했다.

조금은 관심이 있었던 호텔 쪽으로 진로를 설정했다.

여기저기 지원서를 내기 시작했다.

가이드하는 교수와 의견조율을 통해 취업 가능한 호텔에 집중했다.

특급호텔은 제외했고 연봉도 따지지 않기로 했다.

단 하나 숙식이 가능한 호텔이면 족하다고 결정했다.

3번 만에 서류가 통과되고 면접의 기회를 잡았다.

내 의지만 면접에서 잘 표현하면 입사가 가능해 보였다.

1차 면접이 통과되고 마지막 임원면접이 기다리고 있었다.

문제가 발생했다.

예상은 하고 있었지만 영업면접이 준비되어 있었다.

자신감이 떨어지고 두려웠다.

영어를 전공했지만 영어를 잘 못하고 있었기 때문이다.
영어전공이 영어를 못한다니 창피한 일이었다.
그러나 이는 현실이고 극복해야 하는 일이었다.
하루 이틀에 해결할 수 있는 부분이 아니었기에 난감했다.
영업면접이 진행된 면접장.
적극적으로 대응했지만 결과는 최종 면접자 20명 중에서 꼴찌였다.
영어전공자의 허구에 대해 질책이 쏟아졌다.
적극성은 인정받아 더 열심히 해서 다음에 지원하라는 격려도 받았다.

자기 자신에 대해 실망했다.
그도 잠시 여기서 물러날 수 없었다. 승부욕이 발동했다.
적극적인 면을 인정한다면 저를 뽑아달라고 제안했다.
3개월 안에 호텔이 원하는 수준까지 영어능력을 올리겠다고 약속했다.

이런 일은 한 번도 없었기에 이틀 후에 결정을 통보하겠다고 했다.
최종 취업이 확정되었고 Front Desk가 아닌 도어맨부터 출발했다.
남들은 쪽팔린다고 그만두라고 충고했다.
본인은 전혀 불만이 없었다.
바쁜 연말 호텔 정문에서 도어맨으로 만난 이 친구의 얼굴은 살아 있었다.

그 당시 승부의 칼날을 던지지 않았다면 아직도 패배의 굴레에서 벗어나지 못하고 힘든 나날을 보내고 있을 가능성이 높다.

취업을 향해 당신도 승부의 돌을 던질 준비를 해야만 한다.
승부에 대해서는 조금 큰 욕심을 부리는 것이 과욕이라 지칭되어서는
안 된다.

✍ 덤으로 생각하기

• 도전의 용량을 어디까지 채워야 하는가?

효율적, 효과적 취업의미

"저비용 고효율"
"싸게 먹히지만 대단한 Output 창출 기대"
일 처리를 하는 과정에 수도 없이 우리 귓전을 때리는 희망사항이다.

실제로는 현실적으로 보여지기 쉽지 않은 내용이다.

우리는 효율이라는 관념에 너무 깊이 빠져 있다.
어려서부터 효율에 갇혀 옴짝달싹 못 하고 있다.

대충 공부하고 점수는 높게 받는 방법에 매달려 왔다.
쥐꼬리만 한 연구비로 어마무시한 실적을 내야 한다.
싸구려 비용으로 선수 유치 후 우승에 도전한다.
최소연봉의 인원으로 금세기 최고의 영업이익을 추출해야 한다.
공무원 수를 1/3 줄이고 민원은 거의 발생하기 않도록 한다.

모든 사안에 효율을 접목해서 결과를 극대화하는 데에만 혈안이 되어 있다.
과연 모든 문제를 효율로만 풀어 가는 게 올바른 길인지 자못 궁금하다.

취업문제도 예외는 아니어서 효율만 외치고 있다.

취업에 필요한 자격증을 하루 만에 속성으로 만들어 드립니다.
장기 취업 프로그램보다는 단기과정에 치중합시다. 취업숫자 늘려야 합니다.
내세울 게 별로 없지만 그래도 그럴듯한 직장에 들어가야지요!
1박2일 취업캠프 다녀오면 면접에 통과할 수 있습니다.
주 3회 3개월 교육받으면 90% 취업 가능성, 단 개인비용 발생합니다.

취업을 효율로 접근한다는 것은 단기개념으로 문제를 풀어 나간다는 뜻이다.
실제 취업은 단기가 아닌 장기개념으로 다가가야 한다.
효율보다는 미래를 바라보는 효과적인 개념으로 받아들여야 한다.
그럼에도 불구하고 여전히 취업을 바라보는 시각은 효율적 관점이 우세하다.

이렇게 취업까지도 효율에 담금질당하게 된 데에는 이유가 있다.
우리의 거의 모든 사회생활이 효율에 연결되어 있기 때문이다.

"논문표절이 끊이지 않는 이유는 자명하다.

빠르게 인정받기 위해 남의 것을 일부 도용할 수밖에 없었을 것이다."

"유사한 TV프로그램이 난무하는 이유도 분명하다.
효율이란 시청률이 나오지 않으면 도태되기에 인기 있는 프로를 베끼게 된다."

"고시공부에 왜 그리 몰두해야만 했는가?
개천에서 용이 나와야 하는 환경을 단기간에 이루기 위해서였다."

"영업실적을 위해 비정상적인 매매가 지속되고 있다.
자폭하는 순간이 오더라도 달콤한 단기 인센티브로 승부를 걸기 때문이다."

"먹거리 속임수가 근절되지 않고 있다.
쉽고 빠르게 돈을 벌 수 있는 방법 중에 하나이기 때문이다."

"오늘도 많은 사람들이 로또복권을 산다.
가장 효율적인 인생역전의 기회이지 않은가!"

이런 효율에 빠진 사회를 오랫동안 바라보아 온 취업 준비생들이 취업에 대해 효율을 내세우는 것은 어찌 보면 너무 당연할지도 모른다. 기성세대들이 효율에 집착하는데 우리라고 못 할 게 없다고 생각하는 것이다.

본인이 굳이 효율의 길로 접어든다고 하면 이는 말려서도 안 되고 인정해 주어야 한다. 문제는 아직 진로를 제대로 잡지 못하고 우왕좌왕하고 있는 취업 도전자들에게 보다 무조건 효율을 강조할 것이 아니라 정확한 기회를 사실적으로 알려 줄 필요가 있다는 것이다.

진로계획도 아직 설정이 안 된 친구들에게 취업을 일 방향으로 몰고 가며 무작정 단기 효율을 부르짖는 일은 지양되어야 한다.

"이렇게 취업하기 어려울 때는 그냥 적당한 데 들어가는 게 상책이다. 인생 뭐 있어, 적당하게 살면 그만이지!"

자기 인생이어도 그렇게 효율만 강조하는 말을 할 수 있겠는가?

자기 인생이 아니면 더더욱 미래지향적인, 효과적인 측면을 알려주어야 하는 게 아닌가 말이다.

이름깨나 알려진 쇼호스트가 홈쇼핑에서 연일 제품 홍보와 판매에 열중하고 있다.

달변에 잘 준비된 상황전개로 상당한 매출이 화제에 올랐다.

화려한 일면에 감추어진 다른 면이 궁금하지 않은가?

물 들어올 때 배 젓는다고 인기 있을 때 열심히 돈 버는 건 존중되어야 한다.

문제는 너무 효율로만 집중하기에 판매제품을 하루가 멀다 하고 바꾼다는 것이다.

진정한 쇼호스트라면 일정기간 term을 두고 홍보에 나서야 한다.

전혀 그런 의도는 없었지만 본의 아니게 고객에게 혼란을 주는 일은 없어야 한다는 것이다.

"내가 써 보았는데, 내가 입어 보았는데, 내가 먹어 보았는데"라는 멘트로 매일 제품을 바꾸어 판매하는 것은 효율은 높을 수 있으나 신뢰도가 떨어져 쇼호스트 생명력이 약해질 수 있음을 기억해야 한다.

적어도 일정기간 지난 후 새로운 제품을 제시하는 자세가 필요하다.

얄팍한 효율보다는 묵직한 효과를 중시하는 모습이 고객의 신뢰를 배

가시킨다.

물론 일정부분 수입은 줄어들기 마련이지만 직업인으로서의 생명력은 늘어난다.

고등학교만 졸업하고 가전제품 매장에서 일하던 친구가 있었다.

성실해서 조직에서 인정도 받게 되었다.

잘 근무하던 때에 순간의 실수로 회사를 떠나게 되었다.

새로운 직장을 찾는 것은 학력 때문에 쉬운 일이 아니었다.

자기 능력에 맞게 긴 승부를 하기로 결심한다.

대부분의 사람들이 꺼리는 일에 도전하게 되었다.

주류영업이었다.

조금 늦은 출근시간은 있으되 퇴근시간은 따로 정해진 것이 없었다.

자정이 넘어 끝나는 날이 많았다.

힘들지만 본인의 생각과 의지에 따라 시작했고 무엇보다 단기 효율이 아닌 장기 효과적인 설계를 실천하는 일이었기에 나름대로 만족을 하고 있었다.

영업마케팅 특강을 진행하며 수업시간에 만나게 되었다.

여건과 주변 환경은 열악해도 보기 드물게 장기 Plan을 가지고 있었다.

자신감에 차 있었다.

다시 취업을 하게 된다고 해도 지금의 직업을 선택하게 될 것이라고 했다.

고단하고 힘든 일임을 알고 시작했고 남들의 시선도 별로 긍정적이지 않을 것으로 생각하고 있지만 지금의 어려움이 차후 내 인생의 밑거름이 되는 주춧돌이 될 것으로 확신하고 있었다. 설사 지금의 일에 실패한다 하더라도 재차 취업에 대한 두려움은 이미 정리가 되었다.

취업은 나를 찾아가는 과정이라고 말할 수 있다.
미래의 나를 미리 만나 볼 수 있어야 한다.
그런 확실한 그림을 그릴 때 취업의 설계가 제자리를 찾게 된다.
이런 일련의 취업 Process를 효율로만 묶어두는 것은 바람직하지 않다.

치밀하게 계산된, 바로 앞만 내다보는 효율에서 벗어나 어떤 상황에도, 무슨 일이라도 과감하게 자신감을 펼칠 수 있는 효과적인 미래를 설계하는 거시적인 안목을 가져야 한다.

🖐 덤으로 생각하기

- 인생을 효율적으로 살아갈 것인가, 효과적으로 살아갈 것인가?

자기생각을 말할 줄 알아야 한다

언제부터인지는 정확하게 모르지만 우리는 자기의사를 표현하는 데 매우 인색하게 되었음을 인정 안 할 수 없게 되었다.

물론 지금도 말하기 좋아하는 사람들은 존재하고 있어 눈만 뜨면 사방에서 입을 놀리는 사람들을 쉽게 볼 수는 있다.

이런 부류의 사람들은 전체적으로 볼 때 그리 많지 않은 부분을 차지하기 때문에 여기서는 논외로 한다.

대다수의 사람들은 입 다물고 상황만 지켜볼 뿐이다.

왜 이렇게 됐을까?

왜 이런 상황이 보여지고 있는 것일까?

회의 시간에 발언권을 주어도 침묵으로 일관한다.

워크숍에서 허심탄회하게 이야기를 하자고 해도 좀처럼 가슴에 있는 말을 드러내는 일은 거의 없다.

공연히 쓸데없는 말을 해서 분란을 일으키고 손해를 보는 일이 비일비재하기 때문이다. 가만히 있으면 중간은 간다고 생각하고 있다.

사석에서는 그리 떠들고 청산유수로 말을 잘 하던 이도 공석으로 들어오면 입을 다물고 깊은 상념에 빠진다.

물론 이런 상황이 전혀 없을 수는 없으나 지속적으로 이어지게 되면 자기 정체성에 문제가 생기게 된다.

지금 나는 누구이고, 무슨 말을 해야 하고, 어떤 말을 하고 있고, 또 어떻게 행동을 이어가야 하는지 전혀 감을 못 잡게 된다.

결국 자기 자신을 잃어버리고 세상과 적당한 타협을 하게 된다.

타협을 위해 내 의사보다는 세상에 떠도는 이야기로 나를 포장하고, 신문에 난 이야기, 책에서 본 멋들어진 내용들을 마치 내 것인 양 그럴듯하게 각색하여 이야기하게 된다.

나를 완전하게 잃어버리는 순간이다.

취업의 관문을 통과하기 위해 애쓰고 있는 대부분의 젊은이들이 나를 잃어버린 채 방치되어 방황하고 있다.

왜 이런 상태가 되었고 얼마나 오래 지속될지 알지도 못하고 있다.

더군다나 어찌해야 나를 다시 찾을 수 있을지 전혀 관심이 없다는 것이다.

면접에 앞서 자기 자신에 대한 정리 상태를 알아보기로 했다.

다음과 같은 질문을 던져 보았다.

"귀하의 기준으로 지금의 경제상황에 대해 이야기해 보시기 바랍니다."

99%는 다음과 같은 대답이 돌아왔다.

"경제가 어렵다고 TV경제 대담프로에서 들었습니다."
"지금의 어려운 경제상황이 지속될 것이라고 경제학 교수가 이야기하고 있습니다."
"경제여건이 어려운 건 세계적인 현상이라고 Fortune지에 실렸습니다."
"한국은행의 지난달 통계에 불경기 징후가 발표된 걸 보았습니다."
"S경제연구소에 따르면 불경기가 2-3년 지속된다고 합니다."
"해외 경제전문가가 불경기의 연장이라고 하는 말을 듣게 되었습니다."
"기업들의 투자도 당분간 힘들 것으로 금융협회에서 말하더군요."
"고용정책도 점증적으로 개선될 것으로 기대된다고 합니다."
"자영업자들이 이렇게 어려운 걸 보도를 통해 알게 되었습니다."

위에서 언급한 내용들은 다 무슨 내용들입니까?
그렇지요. 모두 남의 이야기를 하고 있습니다.
사회경험이 적은 학생이라 하더라도 자기 기준의 이야기를 할 수 있어야 한다.
분명히 할 수가 있다.
한 번도 해 보지 않았기 때문에 방향도 모르고 정리가 되지 않을 뿐이다.

훌륭하지는 않지만 적어도 이렇게는 이야기할 줄 알아야 한다.

저는 사회경험이 일천한 학생입니다.

학생이 보는 시선에서 말씀드리겠습니다.

경제 전체적인 면은 잘 모르겠고 지엽적인 부분에 대해 이야기하겠습니다.

경제가 어렵다고들 하지만 학교 근처는 그렇지 않은 것 같습니다.

저는 군 전역을 한 복학생으로 7년째 대학생활을 하고 있습니다.

대학 4년, 군대 2년, 휴학 1년입니다.

처음 대학생활 때에는 근처에서 하숙을 했었습니다. 그게 대세였구요.

그런데 군대 제대 후의 대학가는 완전히 바뀌었습니다. 대학 인근은 거대한 원룸촌으로 탈바꿈되었어요.

개인주택은 거의 대부분 원룸을 임대하는 다가구로 변모하였습니다.

임대수입으로 새로운 수익창출이 되자 학교 인근의 경기는 상당히 올라와 있는 형국입니다.

학교마다 조금 차이가 있고 향후 또 다른 변수가 있겠지만 대부분의 학교 근처는 비슷한 상황이 전개되고 있는 상황입니다.

편의점이 2개에서 6개로 늘어났고 먹거리 점포들은 배 이상 증가되었습니다. 원룸을 소개하는 부동산소개서는 셀 수 없을 정도로 불어났습니다. 학생들을 위한 야식시장도 형성되어 24시간 경제순환이 활발하게 돌아가고 있습니다.

학교 인근의 경기는 살아 있습니다!

또 다른 답변을 들어 보겠습니다.

대기업 내지 규모가 있는 기업은 잘 모르겠구요, 중소기업 경기에 대해 이야기를 드리고자 합니다.

저희 아버지는 자그마한 중소 제조업을 하고 계십니다.

자동차 부품업체로 4차 협력업체 정도로 보아야 하는 아주 작은 규모입니다.

30년 이상 잘 운영해 오셨고 그런대로 성공적인 경영을 해오셨어요.

3명으로 출발한 회사는 매년 성장하여 3년 전쯤에는 30명이 넘는 식구를 거느리게 되었습니다.

문제는 이즈음 불거지기 시작했습니다. 중심회사인 대기업이 판매 고전으로 휘청거리자 그 폭풍은 중소기업으로 순식간에 불어닥쳤습니다.

아버지 회사도 인원을 감축하기 시작했습니다.

한두 명에서 서너 명 한꺼번에 감원을 하는 사태에 이르렀습니다.

남은 인원이 20명, 10명, 지금은 5명으로 올해 문을 닫을지도 모르는 상황입니다.

다른 부분은 잘 모르겠고, 제조업 특히 자동차 관련 제조업은 위기입니다.

이런 위기가 얼마나 지속될지, 언제 끝날지 잘 모르지만 상황은 더욱 악화되고 있다는 현실을 직시해야 합니다.

우리나라의 새로운 경제동력이 필요함을 현장에서 느끼고 있습니다.

주변에서 보여지는 것만 있는 그대로 볼 줄 안다면 얼마든지 자기 이야기를 할 수 있다.

세상에 도전하는 젊은이라면 그렇게 해야 한다.

자기 자신을 잃지 않고 있는 사람을 놓치는 고용주는 없을 것이다.

취업은 그런 당신을 기다리고 있다.

🖐 덤으로 생각하기

- 우리는 왜 일 방향의 벤치마킹에서 벗어나지 못하는가?

취업은 상술과 멀어져야 한다

취업환경이 극도로 열악해지자 취업정책도 중심을 못 잡고 표류하는 중이다.

정치, 경제, 사회 여러 분야에서 예견된 부정적 지표로 인해 구인정책 또한 뒷걸음질 치고 있다.

사람을 뽑는 빈도가 현격하게 줄어들었다.

경기흐름이 좋지 않아 기업들은 채용인원을 줄이고 시기도 늦추고 있다.

기껏해야 비정규직, 한시적 계약직을 뽑고 있지만 있는 비정규직도 모두 정규직화하라는 분위기 때문에 이마저도 눈치가 보이는 실정이다.

고용정책이 일부 방향을 바꾸어 시도되고 있다.

사기업을 정책의 테두리 안으로 불러들이기 힘들기 때문에 공무원과 공기업에 대대적인 인원채용을 서두르고 있다.

어려운 취업환경을 이런 채용을 통해 긍정적인 분위기로 만들려고 하는 정책은 백번 존중되어야 한다. 없는 자리라도 만들어 채용을 독려

하겠다는 것이다.

주변에서는 숨죽이며 긍정적으로 결론이 나기를 학수고대하고 있다. 다만, 단기적인 효율에 집착하는 굴절된 일부 면이 보이는 것은 부인할 수 없다.

요즈음 이런 공무원, 공기업 취업을 위해 꼭 거쳐야 하는 통과의례가 있다.

NCS(국가직무능력표준) 채용이다.

현장직무에 필요한 인재를 뽑고자 기획된 현실적인 채용방법이다.

학력차별도 없고 특별한 스펙도 요구하지 않는 평등주의원칙 채용이다.

모두에게 환영받는 방법으로 사회 전반에 걸쳐 긍정의 시그널을 불러일으켰다.

한 해, 두 해 NCS로 채용이 이루어지며 작은 균열이 보이기 시작했다.

기본취지는 더할 나위 없이 순수하고 우량한 채용방법임에 틀림없다.

문제는 이 채용방법에 얄팍한 상술이 개입되기 시작했다.

NCS를 준비하는 취업 도전자들에게 높은 점수를 받을 수 있다는 방법론을 제시하는 사람들이 생겨나기 시작했다.

NCS를 지도하고 있는 대부분의 사람들은 정통적인 교육방법을 유지하고 있다. 조금은 딱딱하고 흥미가 없기 때문에 별로 인기는 없었다. 이를 보완해서 교육생들에게 재미를 실어주는 것은 좋은 일이나 이를 더 지나쳐서 오로지 점수를 많이 올릴 수 있는 방법만을 추구하기 시작했다.

이런 방법론이 실제 NCS채용에서 합격자를 배출해 내기 시작하자 그 빈도가 점점 많아지고 있는 상황이다.

합격에 목을 매는 취업 도전자들은 오로지 합격방법에만 온통 관심이 있기에 이 방법을 부정적으로만 몰고 갈 수가 없는 상황이다.

상황이야 어찌 되었든 일할 수 있게 가이드를 하는 일은 적극 추천되어야 한다.
추천에 앞서 선결되어야 할 내용이 있다.
취업교육은 절대 상술을 앞세워서는 안 되는 일이다.
교육이 상술에 빠지면 본전이 아른거리는 장사 양아치로 전락할 수 있다.

상술에 의해 취업에 성공했다손 치더라도 그 취업자가 그 조직에 맞는 인재로 성장할지도 의문이다. 본인도 자신의 미래를 거시적으로 그려 보기보다는 바로 앞만 내다보는 미시적 인간으로 몰고 가게 된다.
이런 상술이 만연된다면 교육을 진행한 분들의 미래는 또 어떻게 되겠는가!

전공에 상관없이 직무교육을 통해 취업에 다가가는 프로그램이 생겼다.
정부사업으로 고용노동부와 한국산업인력공단 주관하에 펼쳐지고 있다.
500시간 전후의 장기과정으로 투박하지만 우직하게 취업교육을 진행하고 있다.
4-5개월에 걸친 장기교육이기 때문에 교육생이 소신이 없으면 이수가 어렵다.

철저한 취업 마인드 설정이 우선이다.

본인 스스로 취업의 의지를 정립해야 하는 교육이다.

얄팍한 상술교육이 아님을 자연스럽게 인지해 간다.

종국에 취업을 본인이 직접 만들어 내는 강한 동기부여를 경험하게 된다.

취업을 더 이상 장사의 마당으로 몰고 가는 것은 강력하게 지양해야 한다.

취업준비생들은 더 이상 장사의 대상이 아님을 주지해야 한다.

같은 과를 졸업하게 된 두 친구가 있었다.

마지막 학기를 앞두고 많은 고민에 봉착하게 된다.

두 친구 모두 외향적인 일을 하고 싶어 했다.

과 특성상 연구소 근무가 우선으로 비추어지는 상황이었다.

본인들 의지대로 영업마케팅과정을 이수해서 동적인 일에 진출하기로 했다.

한 친구는 계획대로 움직여가기 시작했으나 한 친구는 옆길에 눈을 돌렸다.

창업 프로그램에 몸을 실었다.

일부 관심이 있었지만 주변에서 부추기는 바람에 떠밀려 가는 게 보였다.

새로운 도전은 항상 신선하고 신성하다.

도전은 높이 사주고 싶었다.

시간이 지남에 따라 상술이 개입되고 있는 것이 보였다.

중간 단계의 창업경진대회에서 낮은 순위이지만 입상도 하였다.

거기까지가 한계로 보였다.

좋은 경험을 한 것으로 치고 선을 그어야 했다.

발을 빼기가 쉽지 않은 듯 보였다.

"조금만 더 열심히 해서 본선에서 상을 받으면 이 분야 취업은 우선 순위야"라고 주변에서 부채질을 하는 모습이 보였다.

학교, 교수, 관련기관 모두가 이 창업프로그램의 완성을 기대하는 듯 보였다.

이때 냉철한 판단이 필요했다.

정작 이런 프로그램으로 이익을 보는 측은 누구인가?

정말 프로그램을 짊어지고 가는 학생인가, 아니면 주변 관련 사람들 인가?

쉬운 판단은 아니지만 어렴풋이 보였다.

솔직히 대상을 받아도 취업은 쉬운 것이 아니지요.

그 이후의 어려움은 누가 감내할 것인가.

상만 받고 취업이 안 되면 누가 책임을 지게 되는 것인가!

이 입상으로 학생은 종이 한 장의 상장이면 상황종료다.

주변사람들은 크고 작은 혜택을 받게 된다.

프로그램은 사례로 남아 이해관계가 있는 사람들 위주로 도움이 쌓인다.

상술로 학생이 이끌려 다니면 안 되는 경우이다.

계획대로 과정을 진행한 학생은 영업으로 취업이 결정되었다.
소기의 목적을 달성했다.

창업을 꿈꾸던 친구도 창업도전경험을 바탕으로 재차 취업에 도전하고 있다.
이제 세상을 제대로 보기 시작한 것이다.
허울 좋은 모습으로는 세상을 지배하기가 쉽지 않음을 인식하게 되었다.

상술로 포장된 모습은 순간에 그침을 알게 되었다.
진정성이 묻어나는 모습을 실천에 옮겨야겠다는 생각을 하게 된 것이다.

상술에서 깨어나자 현실이 보이고 취업이 다가왔다.
이제 취업이라는 결과를 눈앞에서 확인하는 일만 남았다.

✍ 덤으로 생각하기

● 한 번밖에 써먹지 못하는 얄팍한 상술의 유혹에 빠지는 이유는?

취업 목표선정

취업을 위해 부단한 노력을 해보지만 취업이 생각했던 대로 좋은 결과로 이어지지 못하게 되면 지원자들은 점점 초조한 심정이 가중되게 된다. 사리분별이 흐려지게 되어 냉철한 판단이 아닌 자포자기의 마음으로 여기저기 생각지도 않았던 기업과 직무에 지원을 하기에 이른다. 취업하고자 하는 목표가 흔들리게 되면 취업에 대한 의지와 자신감이 반감되는 것은 당연한 일이다.

요즈음 젊은 구직자들의 특징은 취업과 연관되어 명확한 목표의식이 부족한 경향이 많이 나타나고 있다는 것이다. 적어도 취업 1년 전쯤에는 '어떤 일을 할 것인가'라는 취업진로가 설정되고 이를 토대로 취업설계를 해야 하는데 졸업이 임박한 시점까지 내가 무엇을 할 것인가에 대해 방향을 못 잡고 있다. 이런 상태로 취업에 도전하게 되면 이력서, 자기소개서, 면접이 모두 중심을 잃고 표류하게 된다.

취업사이트를 들락거리며 그저 연봉을 많이 주는 기업이 없나 하는 단순한 욕구를 충족시키는 수준에서 기업을 선정하고 지원하게 된다. 어떤 취업준비를 하고 어떻게 취업을 진행해 왔는지는 모르겠지만 이런 취업도전은 전혀 바람직한 도전이 아님을 알아야 한다. 설사 취업이 되었다 하더라도 동기부여가 전혀 되지 않은 부분 때문에 일에 대한 애착과 집중이 결여되어 쉽게 일을 포기하고 또 다른 일과 기업을 찾게 된다. 이런 일을 사전에 막기 위해서는 철저한 취업 목표의식을 미리 정립해야만 한다.

취업목표선정 Process

- 가장 하고 싶은 일에 대한 정리
- 관심도가 높은 일에 대한 순서정리
- 지속적으로 일할 수 있는 의지수립
- 연봉보다는 미래지향 산업선별
- 본인 가치에 대한 냉혹한 판단
- 지원 가능한 수준 스스로 설정
- 취업 들러리 모습은 철저히 경계
- 주변 지원자들과의 비교에 따른 목표선정은 되도록 탈피
- 목표는 언제나 수정할 수 있다는 유연한 사고 필요
- 새로운 목표와 도전은 늘 주변에 있음을 주지

누구보다도 취업에 대한 열망과 열정으로 가득 차 있던 P지원자는 본인의 의지와는 상관없이 서류전형에서 계속적으로 떨어지고 있었다. 막연히 '지방대학이라는 보이지 않는 벽 때문이 아닐까'라는 일말의

의구심만 가지고 계속해서 취업의 문을 두드렸다.

시간이 지남에 따라 무엇인가 생각하고 있지 않은 문제점이 있는 것 같은 느낌이 들기 시작했다.

어떤 일을 할 것이며 어느 기업에 지원할 것인지를 본인 스스로도 모르고 있었기에 아무 기업이나 표면적으로 마음에 들면 지원을 하는 과정을 계속하고 있었다.

이런 구심점 없는 행동으로 이력서, 자기소개서, 면접을 준비하다 보니 잘못하고 있는 부분이 조금씩 보이기 시작했다.

바로 취업의 목표가 설정되어 있지 않음을 알게 된 것이다.

자기소개서가 제대로 써지질 않는 것은 당연한 일이었다.

누가 읽어 보더라도 일을 하겠다는 진정성과 절박감이 보이지 않는 것을 쉽게 알 수 있었다.

이런 지원자를 뽑을 기업은 어디에도 존재하지 않는다.

천신만고 끝에 두어 번 면접을 보았으나 역시 결과는 실패로 끝나고 말았다.

별반 준비를 한 것 같지 않은 주변의 친구들이 취업에 성공하는 것을 보며 조금씩 자괴감에 빠져들기 시작했다.

P지원자와 머리를 맞대고 스스로 본인의 허물을 벗을 수 있도록 가이드를 시작했다. 취업에 대한 목표설정은 하루아침에 이루어지는 것이 아니다. 다행스럽게 이런 부분은 P본인이 감지하고 있었다. 취업 도전 초기부터 내가 나아가야 할 방향을 제대로 보지 못하고 있었음을 인정했다. 처음부터 새롭게 목표를 세우기로 마음먹었고 이를 한발

한발 옮겨가기 시작했다.

쉽지 않은 결정이었지만 남들의 시선을 뒤로하고 당분간 야간 근무라
도 하기로 마음을 굳히고 한시적 취업에 돌입했다.
작은 수입이 생기고 규칙적인 일을 함에 따라 사회 구성원으로서 자
신감을 획득하게 되었고 미래에 대한 보다 체계적인 목표를 설정하게
되었다.
지금의 기회를 마지못해 일하는 것이 아닌 미래를 향한 투자로 인지
하였기에 새로운 의욕을 지니고 또 따른 도전을 준비하고 있다.

P지원자의 사례는 주변에서 심심치 않게 발견할 수 있고 앞으로도 수
없이 많이 나타날 수 있음을 주목해야 한다. 이들을 방관하는 것은
본인 스스로는 물론이요 사회 국가 전체적으로도 인력낭비이다. 이들
이 제자리를 찾도록 취업목표에 대한 분명한 의식개혁이 필요한 시점
이다.

👆 덤으로 생각하기

- 사회진출과 취업에 관련해서 작성해 보는 버킷리스트 정리하기

인성이 당신의 취업당락을 결정하는가?

인성검사로 취업의 당락이 결정되는가?

그런 결과를 보았는가?

좋은 인성이란 어떤 인성을 말하는가?

좋은 인성을 가진 사람은 어떤 모습일까?

어떤 인성을 가져야 취업에 성공하는가?

취업의 문턱을 넘기 위한 조건 중에 인적성검사가 있다.

대부분의 기업이 인재를 선별하기 위해 진행하는 프로그램이다.

적성검사로 일컬어지는 필기유형의 시험은 기업이 필요로 하는 기초
지식 수준의 검증 정도로 보면 맞지 않을까 생각된다.

문제는 인성검사란 것이다.

우리 회사조직에 맞는 인성을 가진 사람이 들어와야 한다.

그런 사람을 잘 골라내야 한다.

이런 일들을 하는 사람들을 인사담당자들이라 한다.

정말 고귀하고 힘든 작업을 하는 사람들이다.

어떤 사람을 뽑아야 우리 기업에 도움이 될까.

항상 고민에 고민을 거듭하게 되는 작업이다.

그런 힘든 작업이 실제적으로 큰 효과를 보지 못하고 있는 것이 현실이다.

한두 시간의 대화로 상대방의 의중을 읽어내고 인성을 파악하는 일은 불가능하다. 그런 순간적인 판단으로 사람을 뽑는 일은 넌센스일 수밖에 없다.

좋은 사람을 뽑기보다는 탈 없이 무난하게 일할 사람을 뽑는다는 게 맞을 것이다.

학벌, 스펙, 경력 모두 뛰어난 인재가 중소기업에 입사원서를 냈다.

그것도 가장 힘든 영업직으로 지원했다.

상식적으로 우리 기업에 올 사람이 아닌데 왜 왔을까?

"다른 대기업에 얼마든지 갈 수 있는데 왜 지원하셨나요?"

"그냥 한번 지나가는 기분으로 지원하신 거 아닙니까?"

"아닙니다. 이 회사에서 이런 영업을 꼭 해보고 싶습니다."

"2-3개월 있다 나가실 거 아닌가요?"

"이 회사에 뼈를 묻을 생각으로 일할 예정입니다."

"전에도 그런 분이 얼마 안 있다 그만뒀어요."

"저를 그런 분과 비교하지 말았으면 좋겠습니다."

면접자들의 의견이 분분했다.

"뽑아야 돼 말아야 돼."

"진정성은 있어 보이는 거 같은데 알 수가 있어야지."

"지난번 비슷한 케이스는 실패했잖아, 믿을 수가 없는데."

"한 번 믿어 보십시오. 몸으로 입증해 보이겠습니다."

지원자의 강한 어필이 튀어 나왔다.

이번까지만 다시 믿어보기로 했다.

합격결정.

합격 이면에 자리 잡고 있는 이 지원자의 실제 의중을 읽을 수가 없는 게 문제였다.

입으로는 열정을 이야기하고 있었지만 머리 뒤쪽 한편에는 180도 다른 생각으로 가득 차 있었다.

"니들이 잘 본거야. 나 3개월 있다가 그만둘 거야."

"내가 미쳤냐고, 이런 회사에 뼈를 묻게."

"지금 당장 놀아야 하는데 여기 3개월은 실적 없어도 월급 나온다며."

"잘 지내다 갈게."

이런 문제를 조금이라도 보완하기 위해 인성검사를 만들었다.

그럼 이런 인성검사로 부정적인 지원자들을 걸러 낼 수 있을까?

난감한 일이다!

기업과 기업 이사담당자들은 선호하는 낱말들과 비선호 낱말들로 이 어려운 문제들을 일부 해결해 보려고 하고 있다.

선호 낱말: 창의, 혁신, 도전, 승부, 효율

비선호 낱말: 정체, 정적, 독선, 아집, 과거

일부 이런 언어적 표현으로 부분적 인지는 할 수 있다.

전반적인 사람을 알아보는 데 있어서 단순하게 인성에 관한 내용만으로는 해결할 수가 없는 정황임이 이미 드러나 있다.

어떤 사람인지를 알아보는 데 있어 인성검사로 잣대를 들이대는 일은 별로 지향할 만한 일이 못 된다는 것이다.

인성이란 한 인간이 성숙되어 온 자기만의 품성인데 이를 상대방의 의사와는 아무 상관없이 우리 기준으로 평가를 하고 기준치에 따라 사람을 채용을 하는 일은 달가운 일이 분명 아니다.

그럼에도 불구하고 오랜 세월 동안 인성검사가 지속되고 있는 이유는 있다.

좋은 사람을 뽑아도 문제가 발생하면, 왜 이런 사람을 뽑았느냐는 힐난에 시달리게 된다. 이때 마지못해 내미는 것이 인성검사이다.

인성검사로는 괜찮은 친구인데 말 못 할 사정이 있는 게 아닌가 둘러댈 수 있기 때문이다.

인성은 한순간 짧은 판단으로 알아 볼 수 있는 게 절대 아니다.

인턴기간이라는 시간이 필요하고 수습기간이라 하는 적응기간이 요구

된다.

같이 생활하며 자연스럽게 성품이 표출되기를 기다려야 한다.

동행면접이 시행되고 하루 등산하며 이루어지는 면접도 생겨났다.

맥주 한 잔하며 실시간으로 토크가 진행되는 면접도 보여지고 있다.

사람들이 모여서 생활하는 조직체에서 인성은 중요하다.

상대방 인품과 인성을 알아야 마찰이 줄어든다.

인성으로 교감을 나누어야 제대로 된 소통이 이루어진다.

인성이 문제가 있는 사람은 떨어져야만 한다고?

어떤 인성이 문제가 있는 것인가?

인성이 문제가 있다는 것은 무엇을 의미하는가?

인성이 문제가 있다고 이야기하는 게 아니다.

귀하의 인성은 우리문화와 잘 부합하지 않는 것 같다가 옳다.

이제는 좀 더 솔직해질 필요가 있다.

인상이 우락부락하고 험하게 보여 속칭 더러운 인상을 하고 있는 사람은 항상 인성검사, 면접심사에서 떨어져야 하는가?

인성검사지에 자기들이 만든 카테고리 안으로 들어오는 사람만 뽑는 게 인성검사인가요?

우리회사문화에 부합하는 사람만 추려내는 것이 진정한 인재를 선별하는 인성검사 작업일까요?

국민의 민의를 쫓는 사람 대신 국가권력에 순응하는 사람을 뽑는 게 공무원의 인성검사가 아닐 것이다.

모 기업회장이 사람을 뽑을 때 관상쟁이를 옆에 둔 적이 있었다고 한다. 물론 실제로 보지 못했기에 추론으로 생각해 보도록 하겠다.

분명히 훌륭한 사람을 뽑으려고 했을 텐데 왜 전문가 대신 관상을 보는 사람이 앉아 있었을까?

인품이 있고 능력이 있는 사람을 추천했을까?

어떤 사람을 추천했을까요?

기업이 필요로 하는 사람은 어떤 사람일까요?

인성이 잘 갖추어진 사람?

얼굴이 잘생긴 인물이 뛰어난 사람?

시키는 일에 맹목적으로 충성하는 사람?

업무실적이 타의 추종을 불허하는 실무적 인간?

조직을 이끄는 카리스마 가득한 리더십 가득한 인간?

이도저도 아니어서 인성검사에 떨어지면 어떤 생각을 하게 될까요?

우리나라가 왜 성형왕국이 되었는지 생각해 보았는가?

몇 번의 실패 끝에 살짝 성형수술 후 취업에 성공한 남자들의 이야기도 있다.

외형적 인성을 바꾸는 것에 대해 잘하고 잘 못하고는 당사자 이외 누구도 해서는 안 된다.

본인의 인생이 딸린 문제이기 때문이다.

인성검사로만 떨어진 사람은 이제 걱정할 이유가 없다.

인성이 부족하다고 해서 불합격 판정을 했다면 그런 기업은 안 가면
된다.
내 인성이 그 회사에 맞지 않는다고 생각하면 된다.
인성을 포장까지 해서 일을 하게 된다면 이런 슬픈 일이 또 있겠는가?
자신의 인성을 믿고 세상을 믿고 도전의 의지를 믿어보자.
육체적인 성형을 하기보단 정신적인 성형이 더 필요한 시대이다.

인성검사는 일관성 소신 있는 사람을 도출해 내는 작업이다.
분명한 소신을 가지고 있는 사람은 인성검사에서 떨어질 이유가 없다.
설사 떨어지면 인연이 없는 것으로 판단하면 된다.

인성을 상품화하고 본인을 점수화하는 인성에서는 벗어나야 한다.
인성 때문에 취업에 실패했다는 이야기는 들리지 말아야 한다.
세상에 버려져야 할 인성은 하나도 없다.

사회가 요구하는 인성 좋은 사람의 기준은 무엇일까?

사회진출을 향한 취업전쟁터에서 보여야 할
마지막 카드

인생은 결국 먹고사는 문제를 해결하는 것이 기본과제이다.

아무리 고상한 척 개 똥폼을 잡아도 이 원초적인 문제에서 자유로울
수 없다.

존경받는 법조인이 되고, 의사가 되고, 교수가 되어 살아가는 것이나
인생 막장으로 가는 사기꾼이나 도박꾼으로 살아도 이 사실을 피해
갈 수는 없다.

사람이 사는 동안 의식주 해결은 피할 수 없는 일이다.

취업은 이런 전제 조건하에서 이루어지고 있다.

하고 싶은 일을 해야 하고, 잘 하는 일에 도전해야 하며, 전공을 살리
는 일에 집중하는 것이 필요는 하다.

허나, 이에 앞서는 절대적인 조건이 있다면 자기의 현재 상황을 대변
해 주는 '절박감'이라는 눈에 보이지 않는 동적인 실체이다. 절박감은
매일매일 매순간 쉬지 않고 변해가기 때문에 동적일 수밖에 없다.

나는 지금 어떤 절박감에 놓여 있는가?

이 절박감과 사회진출을 해야만 하는 함수관계를 어떻게 풀어 갈 것 인가?

나는 먹고사는 데 아무 문제가 없다고 이야기하는 삶도 있을 수 있다. 유산을 물려받거나 어린 나이지만 경제적으로 독립이 가능한 사람도 있을 수 있다.
일부 소수의 사람들은 이 원초적인 문제로부터 자유로울 수 있으나 대부분의 사람들은 이를 해결하기 위해 자의적으로 사회생활 속으로 들어오게 된다.

절박감!
바로 이 절박감을 가지고 말이지요.

취업이 어려운 건지 내가 정말 부족한 건지 계속해서 취업에 실패를 거듭하고 있는 친구가 있었다. 그 친구를 바라보는 주변의 안타까움 은 날이 갈수록 커져 갔다. 본인의 실망도 이만저만이 아니었다.
닥치는 대로 아무 일이나 하려는 마음가짐도 무용지물이었다.
일단 누군가 불러주어야 일을 할 수 있는 게 아닌가 말이다!

마지막으로 진정성 있는 절박감을 가지고 있는지 면담을 하게 되었다.
육체적으로, 정신적으로 힘든 일도 감내할 수 있겠는가?
남들이 무시하는 시선도 참아낼 수 있겠는가?
당분간 수익에 대해 불만을 감수할 수 있겠는가?
차분하게 받아들이려고 하는 자세에서 일부 절박감이 보였다.

인천공항 인도장에서 야간에 일하기로 결정을 하였다.

공항 인도장에서 일하는 게 남들에게 말 못 할 만큼 뒤처지고 힘든 일은 아니었지만 통상적인 직업으로 인정하기에는 조금 부족한 면이 있는 것도 사실이다. 특히 야간 근무는 기피하는 경향이 뚜렷한 분야로 분류된다. 돈을 더 주어도 구인을 하기가 쉽지 않은 직무분야이다.

불만 없이 성실하게 근무한다는 이야기를 들을 수 있었다. 본인의 입으로도 일하는 데 아무런 문제가 없음을 알렸다.

일정 시간이 지난 후에도 큰 동요 없이 계속해서 일을 하고 있었다. 개인사정 때문에 어떤 일이라도 해야 하는 절박감이 인도장에서 꽃을 피운 것이다.

힘들지 않느냐는 물음에 미소로 대답을 했다.

자기보다 더 절박하게 사는 사람들을 만나게 되었고 이런 사람들과 친분을 쌓게 된 것이 큰 행운이라고까지 했다.

이제야 세상을 보는 눈이 생기게 된 것 같고 일하는 소중함을 알게 되었다고 했다.

눈앞에 닥친 절박감이 취업전쟁터에서 살아남게 만들었다고 했다.

고등학교를 졸업하자마자 오로지 돈을 벌기 위한 절박감으로 원양어선을 타야만 했던 앳된 소년이 있었다.

큰 파도 작은 파도를 겪으며 중년에 접어들면서 어려움이 밀려올 때마다 처음 닥쳐왔던 절박감으로 이를 이겨낸다고 이야기한다. 볼 것 못 볼 것 나 보니 힐 짓 못 힐 짓 다 경험한 절박감의 대가로 지금도 도전을 두려워하지 않는 마인드를 자산으로 일구었다고 이야기한다.

힘들고 어려운 일부터 시작해야 한다고 가이드한 이유 때문에 잠시 잠깐 논쟁의 중심에 섰던 적이 있다. 그럴듯한 직장에서 품위 있는 일을 하고픈 것은 대부분의 사람들이 가슴에 품고 있는 로망이다. 쉬운 일부터 차근차근 쌓아가는 게 현명한 일이라고 보는 게 틀린 생각은 아니지요.
사회생활을 시작하는 사람들이 출발부터 마지막 종착지에 이르는 그 오랜 세월 동안 역경에 한 번도 빠지지 않는다는 전제가 따르면 굳이 어려운 일에 다가가는 모험은 필요 없을 듯도 하다. 그렇게 일생을 마무리하는 사람은 과연 몇 퍼센트나 되겠는가?

힘든 일과 손쉬운 일의 차이는 물리적 육체적으로만 구분지어서는 안 되는 일이다.
눈에 보이는 가시적인 일에 초점이 맞추어져 있는 우리네 케케묵은 Visual 사고를 이제는 내려놓아야 한다. 처음에는 절박감이 없는 상태로 편안한 일을 시작하였지만 사람의 앞날은 알 수가 없는 일이기에 어느 순간 아주 절박한 나락으로 떨어지게 되면 그 고난의 늪에서 빠져나오기가 상당히 어렵다.

선망받던 일을 하던 사람이 어느 날 힘든 일로 보직이 바뀌면 견디지 못하고 일을 포기하는 경우를 주변에서 너무 많이 보게 된다.
역으로 극단적인 힘든 일을 했던 사람이 그 어려움을 바탕으로 어떤 일이 주어져도 즐겁고 행복하게 살아가는 모습도 보게 된다.

장기적으로 오래 일할 수 있는 사람을 구하는 A기업이 있다.

비단 이 기업뿐만이 아니라 대부분의 기업들은 이런 인사문제로 딜레마에 빠져있다. 어떻게 하면 안정적으로 사람들을 관리할 수 있을까? A기업 회장은 이런 문제를 해결하기 위해 직접 뛰어다니고 있다. 특정대학에 장학금도 지급하며 좋은 인재를 뽑기 위해 다각도로 노력하고 있다.

문제는 겉으로 드러난 인재등용 조건이다. 특정대학, 관련학과, 대학평점 3.5 이상, 인성우수자, 일에 열정이 있는 자 등등. 더 큰 문제는 이 기업에서 가장 힘들고 고통스러운 일인 현장영업직이라는 데 있다.

"뽑아놓으면 얼마 지나지 않아 얘기도 없이 그만 둡니다."
"1년 정도 지나 일할 만하면 다른 곳으로 이직하는 친구가 많습니다."
"자기만 그만두면 되지 왜 주변 친구도 부추기는지 모르겠네요!"
"대기업 연봉보다 더 많이 주는데 상황이 이 지경입니다."

절박감이 없이 일을 시작했기 때문이다.
절박감이 무엇인지도 모르고 알려 주는 사람도 없다.
절박감은 남의 나라, 다른 사람들의 이야기라고 생각한다.
절박감은 나하고는 전혀 상관없는 일이라고 못 박고 있기에 힘들면 언제라도 떠나면 된다는 생각으로 고착화되어 있다.

사회에 진출하고자 하는 사람은 이 절박감을 배우고 이 카드를 어디에도 내보일 수 있어야 한다.

절박감은 단기학원에서 속성으로 배우는 과정이 아니다.

어린 시절부터 현실 위주로 가르쳐야 한다.

코 묻은 돈을 절약해서 티셔츠 한 장, 양말 한 켤레를 들고 고아원과 양로원을 방문했던 어린친구는 그곳에서 보여지는 절박감을 가슴에 담았다.

이렇게 힘들고 어려운 환경에서 살아가는 사람들도 있구나!

그 절박감으로 평생을 살아가고 있다.

✎ 덤으로 생각하기

○ 나만의 경쟁력을 어떻게 피력해야 하는가?

취업마케팅 전쟁을 지배하는 자,
바로 당신입니다!

취업에 가까워지는 긍정의 마인드 11가지

자신의 현 상황을 있는 그대로 수용하라.

취업이 어렵다고들 한다.

취업을 위해 무엇이라도 해야 한다고 한다.

지금 상태로는 취업이 어려울 것이라고 말하고 있다.

그렇다고 보고 일단 받아들여 보기로 하자. 자 이제 어찌하란 말인가?

취업환경이 불투명하고, 내 여건이 안 좋고, 누구 하나 도움 줄 사람

이 없다면 영원히 취업은 못 하는 것인가?

상황을 역이용하는 지혜가 필요하다.

지금의 처지를 그대로 수용하자. 학벌, 스펙, 자격증, 외국어, 연수경

험 어느 하나 내세울 게 없으면 어떠하냐? 아래위를 굳이 비교할 필

요도 없다. 현 상태에서 내가 설 곳을 정하면 된다. 내 상황을 받아들

이는 순간 취업의 터는 생각 이상으로 넓게 펼쳐진다.

물론 대기업도 아니요 유망한 기업도 아닌 이름도 없는 작은 기업일

수도 있겠다. 그걸 이겨내고 2−3년 후를 기약할 줄 알아야 한다.

그걸 가이드하고 그 조언을 수용하자.

그 처절한 경험이 당신을 반석으로 안내할 것이다.

자기합리화에서 벗어나라.

취업이 안 되는 이유를 전가하지 말아야 한다.

왜 하필 내가 졸업할 때 경기가 나빠져서 취업이 어려워졌는지 모르겠네.

학력 차별이 없으면 정말 좋겠는데 말이죠.

외국어 필요 없는 직무인데 외국어 성적은 왜 가져오래, 미친놈들.

이번 취업공고에 스펙 좋은 친구들이 왜 이리 많이 지원한 거야. 재수 없네.

면접에 내가 준비하지 않은 것만 질문해서 떨어졌어.

객관적으로 저 친구보다 내가 나은 것 같은데, 인맥이 없어 떨어진 것 같네요.

어떤 상황에 놓인다 하더라도 내 책임을 남에게 전가하는 자기합리화는 절대 하지 말아야 한다.

한 번 시작한 자기합리화는 그 강도가 점점 강해지는 속성을 가진다.

모든 잘못은 나에게서 출발한 것임을 주지하라!

내 잘못을 스스로 인정할 때 새로운 출발점이 보이게 됨을 가슴에 담아라.

취업 비교불가의 원칙

취업은 비교의 대상이 아니다.

취업기업, 직무, 연봉, 복지 등등을 비교하는 일은 우매한 일이다.

비교한다 해서 얻는 것은 무엇일까?

비교에서 오는 단순한 우월감뿐이다. 그것도 잠시 느끼는 정도.

옆집과 3층 303호와 타 학생과의 비교로 피곤해할 이유가 없다.

1년 2년 3년 매년 비교하며 살아가겠다면 어쩔 수 없다.

취업은 나를 위해 내가 하는 것이다.

세상사 타인을 의식하지 않을 수는 없지만 취업까지 비교하는 일은 자신을 믿지 못해 자학하는 일임을 주지했으면 한다.

취업 도전신성의 법칙

취업은 끝없는 도전의 연속이다.

한 번 도전으로 취업이 완성되면 얼마나 좋겠는가.

취업이 되었다 치더라도 시간이 지나면 또 다른 취업이 기다리고 이직에 따른 새로운 도전을 맞이하는 게 취업이다.

아마도 평생 도전을 해야 하는 것이 취업문제일 수도 있다.

취업을 마지못해 해야 하는 천덕꾸러기로 대해서는 안 된다.

항상 내 곁에서 나와 함께 할 영원한 동반자로 여겨야 한다.

항상 신성시해야 하는 이유가 여기에 있다.

취업을 향한 자기암시

취업을 위해 정말 많은 노력들을 하고 있다.
도서관에서 학원에서 스터디그룹에서 준비에 여념이 없다.
하나 덧붙여야 할 것이 있다.
취업에 담겨진 자기만의 암시가 필요하다.

어찌 보면 자기 최면이라고 볼 수도 있다.
졸업 때까지 꼭 취업한다.
졸업 때까지 꼭 취업할 수 있다.
안 되면 방향을 바꾸어 보자.
내가 하고픈 일에 무슨 일이 있어도 들어간다.
가장 더러운 일을 내가 할 수 있다고 보여주자!

절박감 끌어내기

심심해서 일하고 재미 삼아 취업하는 사람이 몇이나 될까.
학교를 졸업했다고 무조건 취업하는 것은 아니다.
구구절절한 사연은 아니라도 저마다 분명한 취업이유는 있게 마련이다.
가장 피부에 와닿는 이유는 절박감이다.

돈을 벌어야 한다. 그것도 많이 벌어야 한다.
3년 안에 창업해야 한다. 조건이 없다.
무능한 자가 아님을 스스로 취업으로 입증해야 한다.

세상을 향한 처음이자 마지막 도전이다. 살아남아야 한다!
나와 가족을 위해 샌드위치맨으로 사거리 한복판에 설 준비를 해야
한다.

적극적 습관과 성격

나는 내성적이라 이런 부류의 일을 찾아야 할까?
복잡한 것을 싫어하는 사람은 어떤 일을 해야 하는가?
앉아있는 성격이 아닌데 어느 직종이 어울릴까?
습관적으로 새로운 것을 찾아 나서는 성격에 맞는 직업은?

직업은 습관, 성격과는 커다란 연관성이 없다.
차분한 성격으로 Salesman이 되고 산만한 성격이지만 연구소에서 일
할 수 있다.
직업은 적극적인 모험을 필요로 한다.
내가 살아 있음을 스스로 규명하는 과정이다.
성격에 맞는 일을 찾을 게 아니라 일에 내 성격을 맞출 줄 알아야 한다.

내 무기가 최고의 무기임을 기억하자.

내 무기는 버리고 남들의 무기에 관심을 갖는 데에서 벗어나라.
지금 지니고 있는 무기들을 나열해 보면 나만의 무기가 보이는가?
수십 수백 가지 남의 무기는 진열품에 지나지 않는다.
용도도 모르는 무기를 어떻게 사용할 것인가.

볼품없는 내 무기를 한 번 더 정비해 보자!
취업전쟁에 나서며 나와 내 무기를 얼마나 신뢰하고 있는가?

무디고 투박하지만 나만의 무기를 꺼내 들자.
확실한 경험이 최고의 사용법이다.
경쟁자보다는 세상과의 싸움에 치중하자.
취업을 향한 무기는 살상용이 아닌 보호용이다.
걸어오는 싸움은 다 받아 줄 준비를 하자.
나만의 무기가 있다면 두려움은 오래전에 사라졌다.

일할 수 있다는 행복 마인드

남보다 처지는 직장에서 일한다는 스트레스.
연봉이 평균치 이하라는 자괴감.
하찮은 직무 때문에 다가오는 열등감.
미래가 불투명해 보이는 스스로에 대한 무력감.

대부분의 사람에게 세상은 우리 편이 아니었다.
언제나 나를 외면한다고 불평하고 있다.
일을 하는 게 아니라 일에 끌려 다니고 있다고 생각한다.
매일 때려 친다고 하면서 일을 한다.
그래도 일을 하는 이유는 안 하는 것보다 행복하기 때문이다.

세상은 돌고 직업도 돌아간다.

직업에 귀천이 없다고 배웠다.
그러나 분명하게 직업의 서열은 존재했다.
부인할수록 쪼다가 되었다.
시대가 변하며 위너가 바뀌고 있다.
이번에는 안주하는 자가 쪼다가 되고 있다.

만고의 진리로 생각되었던 의사, 변호사의 시대가 끝나가고 있다.
개성이 존중받는 시대에 와 있다.
밑바닥 인생이라고 조롱했던 직업이 부상하고 있다.
세상이 둥글다는 것을 모르는 사람은 없다.
직업관도 둥글게 가져야 하는 이유가 여기에 있다.

직업은 Long-term의 시각으로 바라보아야 한다.

인생을 짧다고, 아니 길다고 단언할 수 있는가?
객관적인 데이터도 없을뿐더러 어느 누구도 결론을 내릴 수 없다.
인생은 자기 주관대로 살아가기 때문이다.
직업의 선택 또한 단기, 장기 개념 도대체 어느 관점으로 바라보아야
하는가?
어느 개념이 더 낫다고 단정 지을 수는 없는 노릇이다.

그래두 단기보다는 장기안목이 우리를 지금은 편안하게 채주리라는

기대감이 있다.

한두 번의 실패가 있더라도 앞날을 기약할 수 있기 때문이다.

짧은 승부로 좌절의 늪에서 헤매는 일은 없어야 한다.

지금보다 조금만 더 Long-term의 시각을 견지하자.

✎ 덤으로 생각하기

- 취업에 가까워지는 주관적인 긍정사고 열거해 보기

취업을 바라보는 왜곡된 시선

정말 취업할 곳이 없는 게 맞는가?
취업을 안 하고 있는 건 아닌가? 현장을 제대로 점검하고는 있는가?

뽑아야 할 사람은 많은데 구인하기가 어려운 곳이 있다면 어떻게 해
석해야 하나!
취업을 각자 자기에게 필요한 부분만 돌출시켜 일 방향으로만 달려온
결과이다. 구인하는 측과 구직하려는 측과의 시선이 서로 다른 곳에
맞추어져 있기 때문에 의견이 교차하는 접점을 찾기가 쉽지 않았다.

상대방을 염두에 두지 않는 나만의 잣대로 문제를 재단하고 해결하려
는 닫혀진 옹졸한 사고가 우리 곁을 떠나려 하고 있지 않다.
이런 굴곡진 사고가 취업에 대한 왜곡된 시각으로 우리 주변에 만연
되어 퍼지고 있다. 왜곡된 시각은 부조화와 불협화음을 키워 젊은 청
춘의 판단을 좀 쓸고 있다.

구직을 위해 피맺힌 절규를 하며 동분서주하는 사회진출 희망자들의 노력은 이미 오래전에 수장되어 깊은 물속에 가라앉았다. 세상을 향해 자신 있게 외쳐 보았지만 돌아온 것은 공허한 무반응이 다였다. 더 이상 무모한 도전은 의미가 없어 보였다.

구직, 구인정책을 주관하는 관 입장에서는 가시적으로 내세울 수 있는 그 무엇이 항상 고민거리였다. 훌륭한 결과물을 손아귀에 쥘 수만 있다면 어떤 수단과 방법을 통해서라도 이를 관철시키고 싶어 한다. 이런 절절한 염원이 사회 환경의 압박을 이겨내지 못하고 돈만 많이 풀면 취업문제가 일정부분 해결되지 않겠는가 하는 가장 수동적인 자세로 우리 주변 전반에 깊게 깔렸다.

현장감각을 무시한 이론적인 계획으로는 취업문제의 해결은 요원하다. 자본주의하에서 돈으로 해결되지 않는 것이 없다고들 하지만 사회진출과 연계된 이런 취업 문제를 동일선상에서 해결하려는 왜곡된 시선은 접어야 한다.
근원적인 고용구조 재조정과 그에 따른 취업성향의 마인드 재정립이 어느 때보다도 절실하게 요구되는 시점이다.
이는 정부의 정책적인 변화와 아울러 취업 도전자들의 의식구조 개선도 같이 병행되어야 함을 의미한다.

최근 신문보도에 실린 내용을 인용함으로써 상황의 심각성을 정리해 보고자 한다.
고용노동부가 발표한 자료를 쉽게 풀어보면 대략 아래와 같은 내용으로 집약된다.

2022년 정부 일자리사업 예산 주요내용
◆ 2022년 정부 일자리사업 예산 31조 1,331억원, 올해 본예산(30조 1,436억원) 대비 9,895억원, 3.3% 증액
◆ 청년 중심의 고용회복, 산업구조변화에 대응, 고용안정 확충 및 취약계층 지원등에 중점 투자

2022년 정부 일자리사업 예산
지난 3일 국회 본회의에서 2022년 예산이 의결되면서, 2022년 정부 일자리사업 예산은 31조 1,331억원 규모로 확정되었습니다.
출처: 고용노동부

〈정부 일자리사업 예산 추이(본예산 기준, 억원, %)〉

구 분	2018년	2019년	2020년	2021년	2022년
일자리사업 예산	180,181	212,374	254,998	301,436	311,331
전년대비 증가율	(13.0)	(17.9)	(20.1)	(18.2)	(3.3)
총지출 대비 일자리사업 예산	4.2 [428.5조]	4.5 [470.5조]	5.0 [512.3조]	5.4 [558.0조]	5.1 [607.7조]

위 도표 <정부 일자리사업 예산 추이>에서 알 수 있듯이 정부가 지난 5년간 일자리 분야에만 약 100조원의 예산을 쏟고도 낙제 수준의 성적을 거두자 '헛돈 쓴 것 아니냐'는 비판이 커지고 있다. 정부는 올해 2022년도도 31조원 정도를 투입할 계획이지만, 근본적인 정책 기

조 수정 없이는 올해 취업자목표 달성도 어려울 것이라는 게 전문가들의 지적이다.

물론 2년여 동안 코로나19라는 전 세계적인 질병의 어려움 때문에 정부의 일자리 사업도 고통 속에 진행되었음도 분명하다. 그럼에도 불구하고 보다 더 근원적인 문제를 들추어 보고 변혁을 시도해야만 하는 시기에 놓여 있다.

오로지 돈을 풀어 일자리를 창출하는 궁여지책의 사탕정책은 되도록 멀리해야 한다. 적은 예산이지만 일자리 불씨를 살리는 가슴 저미는 정책은 얼마든지 만들어 낼 수 있다. 안타깝지만 지금까지는 이와는 정반대의 방향으로 매진해 왔음을 시인하지 않을 수 없다.

천문학적인 일자리 창출 재원을 마련하고 실행을 했음에도 불구하고 좀처럼 사회진출의 취업자 숫자가 늘어나지 못하는 이유는 분명히 존재한다.

기라성 같은 경제 분석전문가와 취업관련 베테랑들이 머리를 맞대고 기획한 일들이 왜 목표에 도달하지 못하고 주저앉는 문제로 되돌아왔는지 모두가 잘 알고 있다. 알고 있지만 새로운 방향으로의 추진은 언제나 요원한 남의 일로 여겨져 왔다.

모 지자체 일자리사업 고시공고가 발표되었다.

예산규모도 일상적인 범주를 넘어서는 꽤 큼지막한 프로젝트였다.

취업관계 기관들이 제안서를 제출하고 프로젝트 시행에 대해 사전평가를 받았다.

잘 준비해서 평가에 참여했던 H업체가 무난하게 심사를 마치고 시행

업체로 선정될 것으로 기대했으나 탈락하고 말았다.

철저한 평가기준과 심사에 의해 결정된 사안이라 이의를 제기하기가 쉽지 않았다. 아쉬움이 컸기에 일련의 과정을 세밀하게 복기해 보았다.

일자리사업은 현상에서 지휘해야 하는 지자제, 그 위 상위기관인 정부부처 모두가 같은 결론을 맺기 위해 프로젝트를 진행시키고 있는 것이다. 그 결론은 자명하게 일자리 창출이다. 이 프로젝트와 관련된 모든 사람들은 이 명제를 모르고 사업을 추진하지는 않을 것이다. 다들 열심히 하는 것하고는 별개의 문제이다.

한 사람이라도 취업을 하고 사회에 진출하는 기회가 있다면 불법이 아닌 이상 어떤 Route를 통해서라도 이를 받아들이고 관철시켜야 한다.

수십 명의 취업희망자를 기업의 확약서를 받고 취업시킨다고 해도, 왜 특정기업에 특혜를 주느냐고 충고 아닌 충고를 하고 있다.

취업의 확실한 Frame을 갖추고 있으나 소규모 운영기관의 열악한 환경 때문에 프로젝트를 맡기기가 쉽지 않다고 이야기하고 있다.

일자리 창출이 눈에 보이는데도 공고의 내용과 100% 일치하지 않는 증빙서류 때문에 프로젝트에서 배제한다고 알려 왔다.

우연한 기회에 그 지자체 일자리 책임자로부터 듣게 된 이야기는 참으로 서글픈 이야기로 우리 모두를 자괴감에 머물게 하고 있다.

"고시공고에 나간대로만 준비하고 평가에 대비하세요!"

"혁신도 좋지만 만약 그게 실패하면 책임은 우리가 지게 됩니다."

"설사 취업이 조금 부진해도 프로젝트가 대과 없이 마무리되는 게 우선입니다."

"기존에 잘 움직여 왔던 흐름을 무시할 수가 없습니다."

"예산이 이미 소진되어 추경을 받아도 지금은 진행이 어렵습니다."

작금의 취업 준비를 하고 있는 청춘들의 모습도 오버랩 해 보면 오류를 일부 들여다볼 수 있다.

관 주도하에 전국대학을 대상으로 취업희망자들에게 취업의 기회를 주기 위해 상당히 많은 좋은 프로그램을 홍보하고 스터디를 하도록 독려하고 있다. 정말 고마운 일이 아닐 수 없다. 그러함에도 이번에는 역으로 일부의 학생들이기는 하지만 교육 프로그램의 커리큘럼이나 최종 Output은 둘째이고 이 과정을 수강하면 돈을 얼마 주느냐에 더 관심을 보인다.

과정을 운영하는 학교, 관계자들은 그저 씁쓰름할 뿐이다. 이게 그런 행동을 보인 학생들만의 문제이고 책임인지 단언하기가 쉽지 않기 때문이다.

일자리 창출을 위해 돈을 푸는 것은 환영할 일이다.

젊은이들을 위해 국가가 나서는 야심찬 기획이다.

이런 일련의 실행전략이 상하좌우가 일사불란하게 움직여 가야 한다는 것이다.

열심히 일해 놓고 욕을 먹는 일은 없어야 한다는 것이다.

관계, 재계, 학계 그리고 사회진출에 꿈을 그리며 나아가는 청춘들 모두 남의 일, 남의 시각이 아닌 우리의 일로 받아들여야 한다.

한 사람에게도 기회를 얻을 수 있다면 모두가 나서서 희망을 뒷받침

할 수 있는 여건을 만들어야 한다.

취업을 제대로 된 시선으로 바라보자!

취업을 있는 그대로 보도록 하자!

허면, 지금까지는 제대로 바라보지 않았단 이야기인가로 반문할 수도 있다.

열심히 해 온 것은 인정하자. 그래도 일부 동떨어진 시각으로 바라본 것이 있었다면 이번 기회에 재정립해 보자는 것이다.

누가 잘하고 잘못했는지 흑백논리를 펼치는 막장에서 빠져나와 새로운 흐름을 만들어 나가야 한다.

지금 당장 내가 취업과 연관이 없다고 해서 남의 이야기로 몰고 가는 것은 지양하자. 새로운 정책도 돈을 틀(Tool)에 맞추어 푸는 것이 아닌 현장에 따라, 시대의 욕구에 따라 유연하게 대처하는 방향이 나오도록 모두가 지원해야 한다.

삐뚤어진 왜곡된 시선을 접고 누구나 앞장설 수 있는 건강한 취업의 시각이 자리를 잡아야 하는 시기이다.

깜깜이식 의사결정과 왕 더듬이만으로 세상을 내 마음대로 평가절하, 평가절상 하는 시선을 과감하게 정리해 보자!

당분간 취업문제는 쉽게 해결되기는 어려워 보인다.

이럴 때일수록 근본을 들추어내어 새로운 시각을 정립해야 한다.

새로운 흐름을 인정하고 받아들여야 한다.

누군가는 이 왜곡된 시각을 바로잡아야만 한다는 것이다.

🖐 덤으로 생각하기

● 취업은 누구나 할 수 있지만 누구나 할 수도 없는 이유

취업에 요구되는 동업자 정신

일할 곳이 없다고 아우성치고 있다.

무슨 일이라도 해야 하는 취약계층에게는 더욱 혹독한 시련의 시간이다.

주변을 살펴볼 여유가 전혀 없다.

내가 살아야 하는 게 우선 아닌가 말이다.

각박한 현실이 그대로 우리에게 밀려들고 있다.

상대방을 이해하고 배려하는 것은 무의미한 일이 되었다.

나는 내 일만 하면 그만이다.

주어진 카테고리를 벗어나 움직일 이유가 없는 것이다.

취업하기 어려운 환경이라고요?

누가 취업을 못 하고 어려운 처지에 빠져 있다고요?

취업을 위해 이러저러한 계획을 제시해 보겠다고요?

일자리에 사람을 보내야 하는데 도움이 필요하다고요?

취업 관련 일은 나만 하는 게 아니잖아요!

온 나라가 일자리, 취업에 힘든 상황을 겪고 있다.
모두에게 직면한 일이기에 피부로 감내하고 있다.

대부분이 공감하고 있는 일이 왜 풀려나가지 못하고 엉켜 있는 것일까?
바로 동업자 정신의 결여이다.

2018년 미국 메이저리그 야구장에서의 일이었다.
CC사바시아(뉴욕 양키스) 투수의 이야기다.

사바시아는 9월 28일 미국 플로리다주 세인트피터즈버그 트로피카나 필드에서 열린 탬파베이 레이스와의 방문 경기에 시즌 마지막으로 선발 등판했다. 타선은 무려 11점을 벌어줬다. 어깨의 부담을 던 사바시아는 5이닝을 1피안타 무실점으로 막아냈다. 투구 수는 불과 54개. 사바시아로서는 2이닝만 더 던지면 올 시즌 투구이닝 155이닝을 채워 보너스 50만 달러(약 5억)를 챙길 수 있었다.
하지만 사바시아는 스스로 인센티브를 포기하고 팀을 위해 빈볼을 던졌다. 사바시아는 6회 말 탬파베이 선두타자 헤수스 스쿠레를 상대로 초구에 다리를 맞혀 퇴장 명령을 받았다. 6회 초 탬파베이 투수 앤드루 키트리지가 양키스 타자 오스틴 로마인의 머리를 겨냥한 위협구를 던진 것에 대한 사바시아의 보복투구였다.

사바시아는 돈을 포기하고 팀의 사기를 배려하는 자세로 양키스 선수들의 찬사와 존경을 받았다. 양키스 구단도 계약 조항에 연연하지 않고 50만 날러를 챙겨줬다.

동업자 정신.

일하는 동종업계에서만 동업자 정신이 필요한 게 아니다.

기업, 산업, 사회, 국가 어느 분야라 하더라도 동업자 정신은 필요하다.

동업자 정신을 다른 표현으로는 상생의 법칙으로 해석할 수도 있다.

같이 살아야 하는 시대.

나하고는 직접 영향이 없지만 나서 줄 수 있는 용기.

혹시 책임추궁이 있을 수 있으나 다가가 보는 배려.

안 해도 되지만 해 보아야 한다면 과감하게 시도하는 추진력.

국가자금으로 취업교육이 진행 중에 있다.

교육을 관리하는 입장에서 현장을 체크하고 있다.

취업의 최종 목적을 위해 순간 괘도이탈이 발생할 수 있다.

허나, Rule을 벗어나는 것은 용납할 수 없다.

설사 취업이 된다고 해도 원칙에 어긋나기 때문에 내 선에서는 묵인이 안 된다.

위에서 Rule이 바뀌면 그때 나도 바꾸면 된다.

나를 붙잡고 하소연 하지 마라.

정해진 절차에 따라 일을 하고 있는 나로서는 굳이 나설 일이 아니다.

나는 모르는 일이다.

동업자 정신의 망각.

그렇게 행동할 수밖에 없는 사회여건을 질타해서는 안 된다.

모른 체할 수밖에 없는 상황은 자기도 살기 위한 방법이기 때문일 것이다.

그래도 한두 사람이라도 움직여 가면 고마운 일이겠지요.

자신을 희생하면서까지 동업자 정신을 강요할 수는 없다.
스스로 동업자 정신을 받아들이는 사람들이 늘어나기를 기대할 뿐이다.

적어도 우리사회는 동업자 정신을 외면할 만큼 썩지는 않았다는 것이다.
취업문제가 제자리를 찾기까지 얼마 남지 않았다.

↳ 덤으로 생각하기

- 생존을 실행에 옮기며 다가온 상생의 개념을 현실화하기

취업 자격증 중독

자격증 시대.

자격증 홍수의 시대.

조금 더 정확하게 말하자면 자격증 범람의 시대이다.

취업을 앞둔 사람들은 물론이고 일상을 살아가는 범인들도 자격증 하나둘 정도는 소지해야 세상에 뒤떨어지지 않는다고 자기 위안을 하게 된다. 생활하는 데 있어 전혀 상관이 없는 자격증이라 하더라도 대외적으로 남들에게 보여주기 위한 방편이라면 분야에 상관없이 손쉽게 취득에 나서는 것이 오늘날 우리들의 모습이다.

쓰임새와 무관하게 자격증을 소유하는 것이 시대의 흐름으로 자리를 잡게 되었다.

중학교, 고등학교, 대학교 학창시절 초반에 나름대로 미래를 바라보며 자격증을 준비하는 젊은이들도 있으나 이는 숫자상으로 극히 미미한 수준이다

물론 정확한 통계자료가 없어 명확하게 말할 수는 없으나 여건과 분

위기로 그 징황을 예단해 보면 그렇다는 이야기이다.

취업이 목전에 다다르게 되는 대학교 4학년이 되면 대부분의 학생들은 이 자격증이라는 덫에 걸리게 된다.

취업을 위해서 제대로 준비해 온 것이 없는 학생들이라면 더더욱 이 자격증이라는 환상에 빠지게 된다. 이 자격증이 나를 취업으로 인도해 주는 중요한 희망등불이라는 착각을 하게 된다는 것이다.

나에게 필요한 자격증이 무엇인지를 생각하기보다는
많은 사람들이 관심을 가지고 있는 자격증이 어떤 것인지?
쉽게 딸 수 있는 자격증은 없는지?
취업에 유리한 자격증은 없는지?
등 실제적인 용도의 자격증이 아닌 나를 포장하는 데 필요한 자격증에 집중하게 된다. 이런 취업에 목마른 학생들의 심리를 교묘하게 이용하는 자격증 장사가 판을 까는 것은 아주 자연스러운 현상이 되었다. 하루 속성과정으로 자격증을 남발하는 사례도 심심치 않게 볼 수 있다.

왜 자격증이라는 허울에 씌어 세상과 거래를 시작하려 하는 것일까?
그 이유를 자세히 들여다볼 필요가 있다.

취업관련 주요자격증 모음

외국어전공학과: 외국어자격증(TOEIC 등)

국어국문학과: 교사, 사서, 논술지도사

문예창작과: 독서지도사, 어린이독서지도사

문헌정보학과: 사서교사, 보육교사

경영학과: 공인회계사, 증권분석사, 손해사정사, 세무사

광고홍보학과: 샵마스터, 디지털정보활용능력사

사학과: 문화재수리기술자

무역학과: 관세사, 물류관리사, 유통관리사, 경영지도사, 국제무역사

법학과: 공인중개사, 감정평가사, 변호사, 세무사, 법무사, 관세사

행정학과: 행정사, 법무사

건축학과: 건축기사, 건설안전산업기사

기계과: 기계정비산업기사, 기계설비산업기사

도시계획학과: 감정평가사, 공인중개사

디자인학과: 웹디자인기능사, 제품디자인기사, 시각디자인기사

사회복지학과: 직업상담사 1, 2급, 사회복지사, 청소년지도사

산업공학과: 산업안전기사, 품질경영기사

생물학과: 생물분류기사, 수질환경기사, 대기환경기사, 토양환경기사

식품영양학과: 식품기사, 위생사, 영양사, 식품산업기사, 식품가공기능사

신문방송학과: 시각디자인기사, 사진기능사, 제품디자인기사

신소재공학과: 금속재료기사, 자기비파괴검사기사, 침투비파괴검사기사

심리학과: 심리상담사, 임상심리사

유아교육학과: 실기교사, 놀이치료사, 사회복지사, 보육교사, 상담심리사

전기전자학과: 전자기사, 전기공사기사, 사무자동화산업기사, 정보처리기사

조경학과: 조경산업기사, 조경기사

컴퓨터공학과: 정보보안기사, 정보처리산업기사, 정보처리기사, LPIC

통계학과: 사회조사분석사, 정보처리기사, 전자상거래운용사, 교통기사

화학과: 화공기사, 화학분석기사, 위험물산업기사, 위험물기능사

환경학과: 대기환경기사, 수질환경기사, 토양환경기사, 폐기물처리기사

대략적으로 살펴본 자격증도 위에서 알 수 있듯이 너무 많아서 정리
가 제대로 되지 않을 정도이다.
시도 때도 없이 새로운 자격증이 만들어지고 있기 때문이다.
자격증이 새로 태어나는 것을 막을 수도 문제 삼을 수도 없는 것이
지금의 흐름이다.
자격증의 존재는 그대로 인정하자.
대신 자격증이 나에게 어떤 의미를 부여하게 될지를 생각해 보아야 한다.

자격증의 홍수는 자격증의 의미를 반감시키고 있다.
자격증이 취업에 필요한 보호용 장신구로 전락한 느낌이다.
자격증을 가지고 있을 때는 별로 감흥이 없는데 없으면 왠지 허전한
마음이다.
어떤 자격증이라도 한두 개 지니고 있어야 마음이 편해지는 상황이다.

공부하기가 싫은 친구가 있었다.
대학도 마지못해 가게 되었다.
학교생활도 지루하게 흘러갈 수밖에 없었다.
당연히 공부는 뒷전이었고 그렇다고 열심히 노는 것도 아니었다.

대학 4학년 졸업학년이 되었다.

손에 쥔 것은 2점대의 학교성적이 다였다.

집안 형편은 먹고살기에 문제가 없어 취업의 절박감도 없었다.

취업은 나하고 상관없는 먼 나라 이야기였다.

주변에서 자격증을 따 보라고 조언을 해 주었다.

서너 개 자격증을 얻기 위해 학원 등록을 하였다.

역시 공부에 취미가 없는 관계로 중도 포기를 하게 된다.

많지는 않았지만 주변에서 취업하는 사람들이 생기자 왠지 불안해졌다.

우여곡절 끝에 청년취업아카데미과정에 입문을 하게 되었다.

다른 취업프로그램과 달리 새로운 Process로 진행되었다.

취업하기 어려운 조건에 시달리는 친구들이 대부분이었다.

다 같이 새로운 이정표를 세워 나갔다.

과정을 진행하는 교수는 자격증에 대한 환상을 깨도록 하였다.

자신감이 최고의 자격증임을 알려 주었다.

취업은 누구를 위해 하는 것이 아닌 나를 위한 것임을 강조했다.

이력서 자기소개서를 멋있게 포장하지 못하게 하였다.

나를 있는 그대로 드러내는 작업에 집중했다.

성적이 안 좋고 자격증이 없는 것은 공부를 등한시했기 때문임을 스스로 인정하자고 했다.

대신 놀았기에, 놀아 보았기에 공부만 한 친구보다 노는 데는 일가견이 있음을 알도록 하였다.

가출도 해보고 싸움도 해보고 개고생도 해보았던 경험을 절대 헛되게 날려 보내지 말도록 당부했다.

그 쓴 경험을 취업으로 연계시키도록 고민이 시작되었다.

취업의 그림이 차츰 윤곽을 드러내고 있었다.
취업으로 향하는 길이 보이기 시작했다.
내가 가야 할 방향이 드러나기 시작했다.
누구의 도움 없이 그 길로 자신 있게 들어섰다.

지방대학교 외국어학과를 졸업한 친구 이야기이다.
비록 영업직군이기는 하지만 대기업 정규직으로 열심히 자기 길을 달려가고 있다.

자기가 전공한 외국어에 대한 자격증도 없다.
물론 그런 상황을 만들어 자격증 하나 없는 것은 바람직하지 않은 일이다.
그렇다고 그게 잘못이라고 질타하는 것은 더더욱 잘못된 일이다.
자기의 길은 자기 스스로 만들어 가는 외로운 과정이다.
조언은 해 주어도 시시비비를 논하는 것은 올바른 일이 아니다.

자격증으로 고민하는 젊은 청춘들은 지금이라도 자신을 믿고 자신을 이끌어 가는 자아실현에 집중할 때이다.

↳ 덤으로 생각하기

● 자격증이 가져다주는 포만감과 함께 그로 인해 발생되는 위선 비교분석 하기

취업지도

취업이 어렵게 흘러감에 따라 취업과 관련된 취업지원자, 학교, 정부, 유관기관 등 대부분의 당사자들은 취업을 위해 전문적인 지도를 시행하기에 이르렀다. 이런 Process라도 전개하고 받아야만 그래도 취업을 위해 무엇인가를 하고 있다는 위안을 받기 때문일 것이다. 요즈음 취업지원 프로그램은 주변에서 쉽게 접할 수 있을 만큼 사방에 널려 있다. 취업지도를 받을 수 있는 기회가 많아진 것은 대단히 고무적인 일이다. 답답한 문제를 어디에라도 펼쳐 보일 수 있게 된 것은 환영할 만하기 때문이다.

이런 긍정적인 기회가 제대로 활용되고 도움이 되는 방향으로 전개되어야 함은 부연설명이 필요 없다. 모두가 그 가치를 인정하고 있기에 제대로 실행이 되어 좋은 결과로 이어지기를 기대하고 있다.

문제는 현실이 그러하지 못하여 배가 산으로 올라가고 있는 현상이 나타나고 있다. 먼저 취업지도 프로그램을 보면 예나 지금이나 거의 같은 맥락으로 진행되고 있음을 알 수 있다.

주요프로그램 내용을 살펴보면 다음과 같다.

- 산업인력공단 청년취업아카데미
- 중소기업청 알앤디아카데미
- 고용노동부 취업성공패키지
- 고용노동부 중소기업 청년취업인턴제
- 산업통상자원부 신진 석박사 연구인력채용사업

- 취업전략멘토링 숙명여자대학교
- 취업진로컨설팅 청운대학교
- 입사지원서작성하기 한림대학교
- 공공기관직무체험 건국대학교
- 직무역량취업스킬 세종대학교

이런 훌륭한 프로그램들이 제 역할을 다하고 있는지가 궁금하다.
이런 프로그램을 통해 얼마나 많은 학생들이 취업에 이르렀는지 살펴
보아야 한다.
남들이 다하니까 우리도 안 할 수 없는 상황으로 내몰리는 것은 바람
직하지 않다.

전국의 많은 대학과 취업센터에서 취업 프로그램을 운영 중에 있다.
이 프로그램을 담당하기 위해서 많은 취업 도우미 분들이 일하고 있다.
이런 좋은 프로그램들이 구직자들에게 큰 도움이 못 되고 있는 것은
다시 싶어보아아 힐 부분이다.

취업지도의 대부분을 차지하는 것이 이력서·자기소개서 쓰기, 모의
면접으로 보여진다.
비슷한 내용, 거의 공통화된 Format, 정형화된 서술 등 어디에서나
볼 수 있는 일률적인 형태의 지도가 대부분이다.

이런 틀에 박힌 도움조차 받지 못하는 분들에게는 이런 지도가 일말
의 감사함으로 다가올 수는 있다.
허나, 대부분의 구직자들이 Tool에 갇힌 취업지도를 받는 것은 지양
되어야 한다.
취업지도를 통해 자기만의 강점을 찾아야 한다.
그래야 갈 곳이 보이기 시작할 것이다.
작금의 상황을 분석해 주고 가능한 많은 기업을 조명해 주어야 한다.

시대에 따라갈 곳과 가지 말아야 할 곳을 선별해 주고 스스로 가려내
야 한다.
그래야만 명확한 취업에 대한 주관이 형성되게 된다.

대기업에 올인할 것인지.
중소기업에 취업해서 성장을 도모할 것인지.
내가 몸담을 직무를 확실하게 설정했는지.
경험만을 위해 Start-up기업에 들어갈 것인지.
힘들더라도 돈을 많이 주는 곳으로 갈 것인지.
향후 독립을 위해 흐름을 통제하고 있는지.
적은 기회를 최대한 활용해야 하는지.

더 많은 기회를 만들기 위해 잠시 시간을 멈추어야 하는지.
지금의 경제상황과 취업시장의 상관관계 조명.

이런 다양한 현안문제를 조율해 나가는 것이 취업지도이다.
언제까지 이력서, 자기소개서를 붙잡고 있을 것인가!

이제 정말 제대로 된 취업지도를 하기 위해 철저하게 준비된 취업도
우미들이 필요하게 되었다.
취업컨설턴트, 취업상담사, 진로지도사, 진로코칭지도사, 직업상담사,
심리상담사 등등 많은 종류의 비슷한 취업관련 도우미 분들이 활동하
고 있다.
열심히 자기 일에 열정을 쏟아붓고 있지만 결과가 만족스럽지 못한
상황이다.

구직자들에게 신뢰를 받을 수 있는 취업지도의 현장감 있는 내용을
정리해 본다.

- 생존의 목표를 취업 당위성으로 확립시키다
- 다양한 취업경험을 현실감각으로 풀어주다
- 경제상황에 대한 명확한 판단과 분석
- 단기, 중기, 장기의 시계열 수립
- 새롭게 부상하는 산업에 대한 청사진
- 본인이 다가가야 할 직업군 정립
- 보류해야 할 직업군에 대한 이유의 근거제시

- 내가 살아남을 수 있는 기업과 직무정리
- 단계별 취업 Stage 수립
- 홀로서기가 가능한 나만의 무기 찾기
- Paper 작업에서 벗어나 현장을 지배하는 직업의식 장착

이런 기본적인 취업 Base가 형성된 이후 자기소개서가 작성되어야 한다.
Target이 설정되지도 않았는데 목표에 돌진하는 것은 맨땅에 헤딩하는 격이다.
결국 자멸이 기다리고 있을 뿐이다.

취업지도가 불완전한 연소를 거듭해 재만 수북이 쌓이게 한다면 이는 바로 잡아야 한다.
취업지도의 완전연소는 취업이다.

자기소개서와 면접 포장에 연연하는 모습은 취업지도에서 멀어져야 한다.
있는 그대로의 모습을 장점으로 바꾸어 주는 것이 진정한 취업지도이다.

도처에 취업성공 수기사례가 넘쳐흐르기를 기대할 수는 없는 것인가?

⤵ 덤으로 생각하기

- 취업포장만을 강요하는 가이드로부터 자유로울 수 있는 방법 찾기

면접에 임하는 자세

취업을 준비하는 사람들이 가장 힘들어 하는 부분은 면접이라는 과정이 아닌가 생각된다. 그래도 많은 사람들이 면접이라도 한번 보았으면 좋겠다고 하는 바람이 상존하는 것은 참으로 아이러니컬하다. 취업이 어렵다고 느끼기 때문에 그런 어려움도 한번 경험에 보았으면 하는 현실적인 희망사항이 우리를 더욱 힘들게 하고 있다.

힘들게 서류심사, 인·적성검사를 통과해서 면접에 도달하게 되면 취업에 한발 다가서는 느낌으로 기대와 설렘 그리고 막연한 불안감이 교차하게 된다. 이런 상황을 제대로 극복해야만 새로운 희망을 꿈꾸는 취업이라는 현실을 맞이하게 된다.

면접을 잘 치르기 위해서 지금까지 해오고 있는 관행을 먼저 살펴볼 필요가 있다. 가장 평범하게 주변에서 시행되고 있는 내용으로는 모의면접이라는 면접실습이 있다. 면접경험이 없어 면접이라는 실행을 마주하고픈 사람들과 한두 번의 면접 경험이 있으나 실패가 누적되어 준비를 제대로 해 보고자 하는 많은 사람들이 관심을 갖는 부분이다.

이제 모의면접에 대해 보다 적나라하게 짚어 보아야 할 때가 되었다. 지금까지의 모의면접은 정형화된 틀에 맞추어 진행하고 있는 것이 작금의 모습이다.

면접은 먼저 Target이 결정된 다음에 진행되어야 함에도 불구하고 목표물 없이 천편일률적으로 진행되어 오고 있다. 정작 면접에서 면접자와 공감을 나누고 분명한 자기의사를 개진해야 함을 망각하고 오직 면접자의 의중에 맞는 말을 하도록 준비시키고 있다. 면접에서의 실패가 어디에 있었는지도 제대로 파악하지 못하는 우를 계속 범하고 있다.

면접을 좀 더 실무적으로 다가가 보자.

면접은 고용자와 취업희망자가 처음 대면을 하는 자리이다.
이때 가장 기본적인 면이 간과되고 있음은 안타까울 뿐이다.

양자 모두가 상대방에 대해 기본적인 내용은 알고 있어야 한다.
취업희망자만 준비해서 답변을 하는 것이 아니다.
사전에 면접관도 상대방을 충분히 이해하고 질문을 던져야 한다.
면접현장에서 처음 이력서를 살펴보는 면접관이 대부분이다.
동떨어진 질문을 하고 궤도에서 벗어난 답변이 오고가고 실망이 넘쳐흐른다.

면접관이 쓸 만한 인재를 뽑기 위해 면접을 보고 있듯이 취업희망자

도 역시 내가 올인해서 일할 만한 기업인지 알아보는 시간이 되어야
한다.
무조건 면접자의 의중에 들기 위한 면접은 양쪽을 위해 불행한 모습
이다.

사심과 가식이 없는 허심탄회한 면접이 자리를 잡아야 한다.
그런 면접을 통해야 진정성 있는 일꾼이 나오게 되지 않겠는가?

면접을 잘 치르는 방법을 알려 주십시오.
어떻게 하면 이번 면접에 성공할 수 있을까요?
이 회사는 어떤 상황면접을 중시 여깁니까?
토론면접에서 상대방을 압도할 수 있는 노하우 어디 없을까요?
면접관을 사로잡는 Impact 있는 내용 좀 알려 주세요.

위에 언급된 정형화된 면접 Process가 어떤 면접도 통과될 수 있는
기준이 될 수 있겠는가?
한마디로 불가능하다.
면접을 틀 안에서 치르는 것도, 틀 속에 갇혀서 응하는 것 모두 불완
전한 모습이다.

우여곡절 끝에 서류전형에 합격되었다는 통보를 받았다.
기쁨도 잠시 면접에 걱정이 앞섰다.
그래도 얼마 만에 찾아온 기회인가!
정말 준비를 철저하게 했다.

부담감은 있었지만 자신감도 업되었다.

다른 사람 앞에서 나를 내보이는 작업이다.
초면인 사람에게 나를 설명하는 일은 원래 불가능한 일이다.
설사 설명이 먹힌다 한들 몇 %나 전달될까?
설명이 아닌 나 자신을 있는 그대로 까발려 놓는 작업이 우선이다.
이런 진정성이 자신감으로 이어지는 것이다.

면접장에 들어섰다.
면접관 3명에 면접자 5명이다.
긴장으로 몸과 마음이 굳어진다.
경쟁자 모두가 나보다 우위에 있는 것 같아 보인다.
자기소개부터 시작하여 면접이 시작되었다.
30분이 지났을 때 싸한 느낌이 감싸들었다.
경쟁자들에게는 네다섯 번의 질문이 던져졌지만 나는 한 번이 전부였다.
'아! 떨어졌구나' 하는 생각이 들었다.
지방대 출신으로 처음 질문에 얼버무리는 실수 때문으로 보였다.

이대로 물러서면 끝이었다.
강의시간에 교수님의 강한 가르침이 생각났다.
생존!
살아남아야 한다.
무조건.

아까 질문 지금 생각나서 말씀드리겠습니다.

기회 드렸는데…… 시간 없습니다.

그래도 이야기해야 되겠습니다.

안 됩니다.

아니 이야기하겠다는데 왜 막습니까?

지방대라고 무시하는 겁니까?

이럴 거라면 이 자리에 왜 불렀습니까!

이런 회사 뽑아주어도 안 옵니다.

그래도 제 이야기는 하고 나가겠습니다.

그놈 참!

이야기해보세요.

과감하게 승부를 던진 이 친구는 최종 합격하였다.

면접은 내 이야기를 가감 없이 토해내는 시간이다.

그러기 위해서 필요한 게 자신감이다.

자신감은 허세와는 분명히 다르다.

면접 준비로 자신감을 가르친다고 하고 허세만 부풀리고 있다.

면접에서 대화 한두 마디면 허세는 금방 드러난다.

정작 본인만 모르고 있을 뿐이다.

시간이 지나면 이 허세는 다른 허세를 불러일으킨다.

자신감은 실종되고 얄팍한 눈치만 급속하게 올라오게 된다.

불합격은 당연한 결과이다.

면접의 당락은 이 자신감으로 결정된다.
물론 회사마다 채점기준이 다르고 체크리스트가 다를 수 있다.
그래도 면접관의 관점은 비슷하다.
자신감이 보이는 도전자는 뽑게 되어 있다.
결국 그런 친구가 우리 회사를 먹여 살리기 때문이다.

진실된 자신감은 어디에서 오는가?
자신감은 가르쳐서 될 문제가 아니다.
자신감은 배운다고 만들어지는 것이 아니다.
내 기본 마인드가 바뀌어야 서서히 형성되어 간다.

기본적인 예의에서 벗어나지 않는다면 자기색깔을 고수하라.
평소에 내가 감내할 수 있는 한계를 설정해 보라.
한계가 그려지면 그 정도 선에서 도전을 실행하라.
학교, 스펙, 실력이 있다면 있는 대로 없으면 없는 대로.

그런 도전이 부담스럽다고요?
그렇게 해서 계속 떨어지면 어찌하냐고요?
그런 생각이 계속 든다면 자신감이 잘못 형성된 것이다.
다시 재정비할 시간을 주는 것이다.

탈락하면 인연이 없는 것으로 생각하자.
자신감은 남아야 하고 남겨야 한다.
자신감을 가지고 취업에 실패한 친구는 거의 없다.

물론 사람에 따라 차이는 있지만 대부분은 취업성공을 쥐게 된다.

긴 인생의 승부를 시작하는 청춘을 허세로 채울 것인가?
아니면 모자라고 투박해 보이지만 그래도 나만의 신선한 자신감으로
채울 것인가는 전적으로 당신의 선택에 달려 있음을 기억하자.

↪ 덤으로 생각하기

- 질문과 답변은 언제나 동등하였음을 스스로 증명하기

취업박람회의 허구성

취업박람회가 사방에서 열리고 있다.

지역, 규모에 상관없이 수시로 주변에서 개최되고 있다.

어림잡아 1달에 10여 차례 이상 열리고 있는 것으로 추산된다.

취업정보가 없어 갑갑해하는 사람들에게는 단비와 같은 존재이다.

취업박람회는 공개된 인력시장으로 보면 정확하다.

사람을 구하지 못했던 기업에게는 구인의 기회이다.

취업을 원하는 사람에게는 일할 곳을 찾는 기회의 장이다.

양쪽 모두 다 필요함을 해결할 수 있는 터전이 마련되는 순간이다.

필요성 때문에 열리는 취업박람회가 진정한 효과를 내고 있는지는 점검대상이다.

수없이 열리는 행사가 자칫 명목으로만 흐르고 있는 것은 아닌지 세밀하게 분석해 볼 필요가 있다.

이는 이런 좋은 의도가 퇴색되는 일은 없어야 하기 때문이다.

이 행사에 참여하는 업체의 진정한 목적은 무엇일까요?

아이템은 좋은데 중소기업이라 사람 구하기가 어렵기 때문일까요?

그런 기업들도 분명히 있을 겁니다.

그런데 참가 기업들 중 몇 %일까요?

많은 구직자들이 이런저런 취업박람회에 가보게 됩니다.

실력은 있는데 자리가 없어 중소기업이라도 들어가야만 한다구요?

그런 구직자들도 분명히 있습니다.

그런데 오신 분들 중 몇 % 정도일까요?

취업박람회의 하이라이트는 즉석채용이라는 것이다.

즉석에서 면접을 보고 그 자리에서 사람을 뽑게 된다는 것이다.

과연 그런 즉석채용이 얼마나 효과가 있었는지,

정확한 취업사례 통계는 있는지,

취업 후 지속근무의 시간은 어느 정도였는지,

참여자들이 얼마나 신뢰를 하고 있는지,

다른 사람들에게 추천을 할 수 있는지,

객관적인 판단의 근거를 보지 못하고 있다.

오로지 단순 효율만 노리는 게 아닌지.

하루 근무하고 그만두어도 즉석채용의 자료로 누군가는 이익을 보고 있는 건 아닌지.

번번이 취업에 실패하게 된 P군은 자의반 타의반으로 취업박람회에
참석하게 되었다. 학교 취업센터에서 참여하도록 강력하게 밀었다.
도내 취업박람회에 참가한 한 기업부스에서 취업상담이 이루어졌다.
취업희망자의 생각과는 다르게 회사홍보 및 제품설명이 다였다.
두서너 군데 상담을 하였지만 내용은 역시 같았다.
시간 낭비와 실망으로 돌아설 수밖에 없었다.
그 후로 취업을 위해 취업박람회를 방문하였으나 상담은 피했다.
대신 기업 홍보물을 가져와서 기업분석을 하게 되었다.
나름대로 취업할 만한 기업들을 스스로 결정하고 연락을 취해
따로 면접을 보고 취업에 성공하는 기회를 얻게 되었다.

취업박람회는 물론 개최되어야 한다.
가슴 답답한 구직자들에게 많은 정보를 제공하는 것은 맞다.
그러나 즉석채용은 사라져야 한다.
보여주기 행사의 극단을 나타내는 이런 모습은 지양되어야 한다.

작은 아르바이트 자리도 이력서를 내고 면접을 통해 서로를 알아보고
이해해야만 채용과 구직이 이루어지는데 정상적인 취업을 현장에서
한 번 대면하고 사람을 쓰는 것은 정말 서글픈 일이다.

고용이 제자리를 찾아야 하고 취업이 목전의 목표라는 것을 부인할
수 없는 시대이다.
그렇다고 바로 한 치 앞만 보고 사람을 뽑고, 취업하는 일은 우리 스
스로를 너무 구석으로 몰고 가는 자학의 모습으로 보여진다.

양쪽 모두 조금만 더 당당해져 보자.
어렵더라도 시간을 할애해 보자.

취업박람회를 정보의 창, 대화의 창, 소통의 창으로 받아들이자.
오늘 당장 구인이 안 되고, 취업이 안 되었지만 돌아가서 정리할 수
있는 시간을 갖도록 하자.
그 정리가 취업으로 연계된다면 양자는 모두 취업관련 승자로 세상에
등재될 것이다.

✎ 덤으로 생각하기

● 형식에 형식을 더하지 말고 빼기를 하면 무엇이 보이는가?

또라이의 취업마케팅 반란

정신을 똑바로 차려도 취업하기가 정말 어렵다고들 한다.

남들이 다하는 순서대로 준비를 해도 취업은 쉽게 손에 잡히지 않는다.

취업에 필요한 새로운 무기를 얻기 위해 오늘도 분주하다.

취업전쟁은 단순한 싸움이 아닌 자신과의 싸움임을 모르고 있다.

조금 더 명확하게 싸움에 임해야 취업전쟁을 넘어서게 된다.

취업은 취업마케팅 전쟁으로 풀어 나가야 한다.

마케팅의 현실적 해석은 생존이라는 개념이다.

따라서 취업마케팅 전쟁도 살아남아야 하는 등식으로 받아들여야 한다.

나를 살아남도록 만들어야 하는 방향성 추구이다.

살아남기 위해서 우리는 무엇을 해야 하는가?

살아남기 위해서 우리는 어떻게 해야 하는가?

살아남기 위해서 우리는 어떤 방향성을 견지해야 하는가?

살아남기 위한 나만의 경쟁력은 확보하고 있는가?

잘 다져진 등산로에 들어서면 큰 어려움 없이 산행을 하게 된다.
반면에 하루 종일 앞사람 뒤통수만 보게 된다.
진정한 산행의 맛은 보지 못하게 되는 것이다.
아무도 가 보지 않은 초행길은 힘들고 어려움이 수반된다.
그래도 새로운 자연의 향기에 깊이 빠져들게 된다.
여기는 경치가 장관이네, 여기는 낭떠러지구만, 여기는 벌써 단풍이
들었네.
생각지도 않은 풍광에 산행의 진정한 즐거움을 맛보게 된다.

산행이 뭐 별거냐. 그냥 따라갔다 오면 되지.
뭐 중뿔났다고 혼자 설치고 지랄이야!
그러면 달라지는 게 있냐고!
남들 하는 대로 따라가세요.
초행길 좋아하다 황천길 갑니다!
에이, 이 또라이 새끼야!

그래 우리는 진작에 또라이가 되었어야 했다.
세상을 망치는 또라이가 아니라 세상을 새롭게 여는 또라이.
취업도 이런 또라이의 시선으로 바라보면 쉽게 풀 수가 있었다.
세상천지에 새로운 길은 수없이 널려 있다.
우리 스스로가 기피하고 멀리했을 뿐이다.
주변 시선이 부담스러웠고 내 스스로도 감내하기가 어려웠다.
그냥 기존의 길에서 서성이다 보면 언젠가는 취업이 되지 않겠는가?
나도 모르게 편안한 세상으로 빠져들고 있는 게 현실이다.

그런데 세상은 점점 이런 또라이들의 세상이 되어 가니 어쩌란 말인가.
반론의 여지가 있을 수 있기에 아주 주관적인 견해를 전제로 이야기를 풀어가 보자.

빌게이츠가 그러하고 마크 저커버그가 그러하다.
우리나라에도 이들에 못지않은 창의적인 또라이들이 존재하지만 이 지면에서는 언급을 하지 않기로 한다.
공연히 그분들에게 누가 되고 구설수에 오르는 일은 없어야 하기 때문이다.
헌데 그런 분들이 의외로 많다.
참으로 많다.
이런 분들이 언더그라운드에서 묵묵히 일을 하고 계시기에 그래도 우리나라가 중심을 잃지 않고 앞으로 나아가고 있는 게 아닌가 한다.

세간의 이목을 집중시키는 큰일을 벌여야만 또라이가 되는 것은 아니다.
자기의 수준에 맞게 얼마든지 신선한 또라이가 되는 경우는 많다.
내가 살기 위해 몸부림치는 것 모두가 또라이짓이 될 수 있다.
꼴 같지도 않은 일이지만 세상은 그런 일들을 또라이의 짓거리로 지칭한다.

담뱃불 보조로 대기업 임원에 오른 이도 있다.
치졸하다고 손가락질을 받았지만 그 기업에서 오래도록 살아남았다.
하찮은 짓거리를 생존의 모델로 끌어올리는 일은 아무나 하는 것이 아니다.

회사를 대신해 회사와 고객의 모든 보증을 뒤집어썼던 미련한 자가 있었다.
회사퇴직 때까지 부정적 인물이었지만 모두가 그 친구 눈치를 볼 수밖에 없었다.
모난 돌이 정을 맞으면 거칠어지지만 아픔을 이겨내는 지혜가 샘솟는다는 경험을 스스로 일구어 냈다.

자기 능력을 믿고 회사를 박차고 나온 후 다시 입사를 위해 재방문을 시도한다.
개념 없는 정신 파탄자라는 지탄을 받았지만 취업결정은 받아냈다.
쪽팔림은 한순간이지만 그 쪽팔림으로 내가 나아갈 수 있는 길을 만드는 새로운 장을 열 수만 있다면 그 분위기를 받아들여야 한다.

마감된 입사서류를 고치기 위해 기업에 전화로 수정을 요구한다.
누가 보아도 제정신이 아니었지만 수정은 접수되었고 최종 입사가 결정되었다.
가끔은 넋이 나간 놈이 주변을 압도할 수도 있음을 보여주고 있는 대목이다.

왜 나 같은 놈을 안 뽑아 가는 것인가?
대부분 그 이유를 외부에서 찾고 있었다.
자기 자신의 능력과 외형만을 고집하고 있는 건 아닌지 생각해 보았는가?
모든 것이 긍정으로 뭉쳐지면 결론도 긍정으로 꼭 나와야 하는가?

세상을 너무 단순하게 살아왔다.

복잡하게 살 수도 없었고 살 이유도 없었다.

앞만 보며 달리면 되는 시대에 살았다.

그게 정답이었고 그 범주를 벗어나면 오답으로 굴레를 씌웠다.

달리 방도가 없어 만들어 놓은 길로 매진하며 살았다.

나와 생각이 같으면 동지요 생각이 틀리면 적이었다.

취업도 같은 맥락으로 흘러갔다.

멋진 배로 순항을 하기 위해 학교와 직장을 선택했다.

우리 기업에 들어오는 구성원을 고르는 작업도 같은 흐름이었다.

세상이 조금씩 변화를 맞이하자 정체된 조직은 혁신을 찾게 되었다.

한둘 또라이의 등장이 눈에 띄기 시작했다.

혁신은 필요했으나 또라이는 눈에 거슬렸다.

아직 또라이를 받아들일 준비가 안 된 것이다.

또라이들이 서서히 세상을 잠식하기 시작하자 기존의 질서는 쉽게 무너졌다.

이들을 도외시한 대기업부터 무너짐이 시작되었다.

기존의 Rule을 과감하게 정리해야 살 수 있음에도 이를 부정했다.

더욱 내적으로 똬리를 틀자 조직은 경직되고 숨이 막혔다.

구원군이 절대적으로 필요한 시기가 되었다.

또라이의 시대가 본격적으로 닻을 올리는 시대이다.

취업이 어려운 시대가 아니다.

취업을 어렵게 만든 시대라고 말해야 한다.

그렇다고 취업이 쉬운 것은 아니다.

힘든 과정이지만 방향성만 제대로 짚고 의지만 있다면 취업은 가능하다.

이제 멋있고 폼 나고 남한테 보여주는 취업의 허상에서 벗어나자.

또라이의 시각으로 세상을 바라보고 취업을 품속으로 끌어들이자.

별 볼일 없는 친구가 세상에 알을 깨고 나오는 순간 그 어느 때보다
도 강한 굉음이 우리의 가슴을 울리는 시대가 온 것이다.

↳ 덤으로 생각하기

- 세상을 리딩할 수 있는 조건들을 이끌어 내보자

취업 Golden-time & 고용 Golden-time

졸업이 바로 코앞인데 아직도 취업도전을 한 번도 실행하지 않은 학생들이 의외로 많음을 어떻게 설명해야 하는가? 취업도전은 그렇다 치고 이력서도 한 번 써보지 않았다면 이는 어떤 마음에서 이렇게 흘러가고 있는 것인가? 그렇다면 "취업을 하지 않을 것인가?"라고 물어보면 모두 다 취업은 해야 한다고 답을 한다.

취업도전을 미루는 표면적인 이유는 졸업을 한 후에 취업을 할 예정이라는 것이다. 실제적인 이유는 준비가 덜 된 상태이기에 보다 철저하게 준비해서 도전하리라는 이야기들을 한다. 어떤 준비를 해야 취업에 다가가는 완벽한 상태가 되는 것일까? 세상에 완벽한 취업준비는 존재하기 어렵다. 해도 해도 끝이 없는 것이 취업준비이기 때문이다. 한 부분이 완성되면 또 다른 부분의 허점이 드러나 채우려고 애쓰게 되는 것이 취업준비이다. 아직 완성체로의 사회진출자가 아니기 때문이다. 부족한 것은 당연하다. 이를 인정하고 취업에 나서야 한다.

사람의 목숨에 대해서만 시간을 다투는 Golden-time이 존재하는 것이 아니다. 취업에도 이와 유사한 Golden-time이 존재한다. 나이가 많고 적음을 이야기하는 것이 아니다. 바로 취업도 시기를 놓치면 몇십 배 어려움을 겪을 수밖에 없다. 취업 시즌에 들어섰을 때 과감하게 승부수를 던져야 한다. 취업지원자가 준비가 끝날 때까지 기다려 주는 기업은 없다. 이듬해를 바라보며 인적충원을 적극적으로 펼치는 하반기에 초점을 맞추어 취업의 기회를 만들어 나가야 한다. 기업들이 인원계획을 세워 인재를 섭외하는 이 기간을 취업의 Golden-time으로 보는 것이 옳다.

이 취업 Golden-time을 놓치게 되면 다시 대규모 구인공고를 하게 되는 다음 사이클까지 기다리는 수밖에 달리 방법이 없다. 이런 악순환을 한두 번 겪게 되면 2-3년은 훌쩍 지나가게 되고 취업은 나에게서 점점 멀어지게 된다.

취업 Golden-time을 놓치지 않는 방법

- 기업의 채용 사이클을 정리한다.
- 도전하는 분야의 5년 채용흐름을 Checking한다.
- 지원해야 할 기업에 내 등급이 가능한지 미리 Simulation해 본다.
- 취업기회의 Term을 사전에 분석한다.
- 취업도전 분야를 3순위 정도까지 미리 설정한다.
- 취업 가능성의 수위를 기간에 맞추어 높여 간다.
- 취업으로 인한 스트레스를 최소화한다.
- 취업이지만 협업의 가능성도 열어둔다.
- 취업의 Jump 플랫폼을 만들어둔다.

- 최악의 상황에 대비해 한시적 취업도 염두에 둔다.

K군은 심성이 착하고 매사에 긍정적인 사고로 접근하는 원만한 성격의 소유자이다. 주변사람들 모두가 취업을 하게 되면 조직생활을 잘할 것으로 기대한다고 보는 인물이다. 이런 기대와는 다르게 취업에 어려움을 지속적으로 겪으며 낙방을 거듭한 끝에 취업을 포기해야 할지도 모른다는 자포자기 상태로 몰리고 있다. 언뜻 이해하기 어려운 부분이 있기도 하지만 K군의 구직활동을 자세히 들여다보면 취업이 안 되는 이유를 쉽게 찾아낼 수 있다.

K군은 본인이 일하고 싶은 직무에 강한 집착을 보이고 있었다. 다른 일과 직무는 눈에 들어오지 않았고 관심도 없었다. 취업시즌에 접어들자 누구보다 적극적으로 취업에 도전을 하기에 이르렀다. 안타깝게 결과는 실패로 귀결되었다. 실패가 꼭 부정적인 미래를 부여하는 주홍글씨가 아님에도 불구하고 K군에게는 커다란 부담으로 다가오기 시작했다. 더 무서운 집착으로 본인의 의지를 관철시키고자 같은 직무로만 지속적으로 지원을 하게 된다.

결과는 계속 낙방의 시그널을 보냈다. 이런 현상은 누구에게나 일어날 수 있는 평범한 일일 수 있다. 문제는 서너 번 실패가 이어지면 원인분석을 통해 새로운 진로를 모색해 볼 법도 한데 K군은 본래의 방향성을 놓지 않고 있었다. 끈질긴 도전노력은 높이 평가해 주고 싶지만 취업 Golden-time이 지나 기업기준으로 고용활동이 끝나고 있다는 것을 간과하고 있음은 너무 안타까운 일이다.

본인의 꿈을 위해 부단히 노력하는 것은 바람직하나 중간에 걸림돌이
버티고 있으면 돌아가는 길도 알아보아야 살아남게 된다는 것을 잊고
있었다. 3년이란 값비싼 대가를 치르고 나서야 취업 Golden-time을
인정하고 새롭게 취업전쟁에 나서게 된 것은 그나마 다행스러운 일이
다. 새로운 도전의욕과 자기성찰이 취업성공이라는 긍정의 선물을 전
해주게 될 것이다.

취업에만 Golden-time이 존재하는 것이 아니다.
대척점에 자리 잡고 있는 고용에도 Golden-time이 존재한다.

훌륭한 인재를 많이 확보하고자 하는 것이 기업의 최우선 과제임은
분명하다.
모든 기업들은 능력 있는 인재들이 기업에 들어와 자사기업의 성장을
지속적으로 이끌어 주기를 기대하며 구인정책을 펴나가고 있다.
예전에 경쟁적으로 인재들을 뽑기 위해 1년에 한 번 공개채용을 시행
했었던 적이 있다. 수요와 공급의 원칙에 따라 기업들이 암묵적으로
대략 가을에 집중적으로 인재를 선발해 왔다. 구인 구직의 흐름이 얼
추 균형을 이루고 있는 듯이 보여 고용시장의 상황도 특별한 어려움
은 없었다.

산업구조도 바뀌고 새로운 형태의 기업도 수없이 많이 생겨나고 있기
에 어느 특정 시기에 맞추어 구인정책을 펴는 것은 이제 큰 효과를
바라보기 어렵게 되었다.
적당한 시기에 적설한 인재를 찾아 나서는 것이 기업의 중요한 명게

가 되었다.

자칫 시기를 놓치면 필요한 인재를 흘려보내는 우를 범하게 되는 시대이다.

기업들이 고용정책을 펼칠 때 꼭 기억해야 하는 것이 있다.
바로 취업희망자들이 현실적으로 가슴에 새겨야 하는 취업 Golden-time이 있듯이 기업들에게도 고용 Golden-time이 있다는 것이다.

Y 기업은 연혁으로나 기업규모, 매출규모 등 다각도로 살펴보았을 때 전도유망한 중견기업으로 분류되는 회사이다. 갑작스런 Level-up을 이룬 기업이기보다는 꾸준한 성장을 보여주는 견실한 기업이다. 최근 이 기업에도 풀어 나가야 할 중요한 경영과제가 노출되었다. 직원들 특히 영업부 직원들은 어렵게 뽑아 놓기만 하면 얼마 지나지 않아 그만두는 경우가 빈발하고 있다.
힘들게 1년을 버틴 직원도 90% 정도 자발적 퇴사를 하게 되는 경우가 일상화되었다. 회사 대표 및 경영진들은 대책 마련에 분주하지만 뾰족한 수가 보이지 않고 있다. 급여수준, 복리후생, 직무강도 등은 대기업 못지않은 수준인데 조직의 균열이 봉합되지 않고 있으니 답답한 일이었다.

문제의 해결책은 다른 곳에 있음을 알지 못하고 있다.
좋은 학교에 장학금도 지원하며 능력 있는 인재들을 선별한다고 해왔으나 겉모양만 그럴듯하게 꾸미고 있었다. 연관 학과 학생들에게 지속적인 관심을 보여주며 기업홍보도 착실하게 해왔다. 성적이 우수한

학생을 유치하기 위해 학교 취업센터에서 평점 3.5 이상인 학생들을
집중적으로 추천받아 왔다.

우수 인력을 뽑는 데는 전혀 하자가 없는 것처럼 보인다.
그럼에도 불구하고 한 가지 크게 간과하고 있는 것이 있다.
바로 고용 Golden-time이다.
내 입맛에 맞는 인재들을 추려서 구인하는 것은 지극히 당연한 일이다.
그렇게 구인을 하되 시기를 놓쳐서는 안 된다.
이 부분이 살짝 무시되고 있었던 것으로 보여진다.

성적이 우수하고 인성이 좋은 친구들에만 집중하다 보면 그보다 조금
뒤처지지만 일을 하겠다고 자발적으로 나서는 친구들을 본의 아니게
못 본 체하게 되는 경우가 발생하게 된다.
개인적인 능력이 일부 약해 보이지만 직무에 적합한 친구들은 넘쳐흘
러 언제라도 기업이 마음만 먹으면 구인해 올 것으로 착각하고 있는
듯 보인다.
그러나 현실은 전혀 그렇지 않게 흘러가고 있다. 정말 필요한 인재를
뽑아야 하는 시기에 원하는 친구들을 뽑을 수 있을지 재삼 재고를 해
야 할 때이다.

순차적 능력에 따라 인력을 수급해 왔던 관행을 버리지 못하면 필요
한 인재를 확보하는 것이 쉽지 않은 일로 고착화될 것이다.
스스로 어려운 일을 하겠다고 다가오는 친구들은 그때그때 선발해서
일힐 수 있는 미인드 구축과 환경을 조성해 주어야 한다.

성적 좋고 인성이 좋은 친구들만을 쫓아다니다 보면 실제 현장에서 필요한 인력수급을 와해시키는 결과를 초래한다.

고용 Golden-time이 무너지지 않도록 구인 관계들은 한층 노력을 해야 할 때이다.

🖐 덤으로 생각하기

- 사회진출 시 나타나는 보이지 않는 Golden-time 추출하기

누구를 위해 취업을 하고 있는가?

하루도 세상살이가 조용할 날이 없다.

사람들이 얽히고설켜 살아가는데 시끄러움은 당연지사 아니겠는가!

그래도 요즈음 상황은 혼돈의 상태가 좀 심한 듯하다.

Chaos에서 빠져나와야 하는데 어느 누구도 앞장서지 않고 있다.

언제 이런 상황이 끝날지 예측하기도 어렵다.

미래를 책임져야 할 젊은 청춘들의 방황이 지속되고 있다.

경제활동의 주역으로 나서야 함에도 정중동 상태에 머물러 있다.

적극적인 사회생활을 위해 취업을 해야 하는데 그게 그렇게 쉽지만은 않다.

취업기회가 한쪽으로 편중되어 불균형이 오래가고 있다.

어떤 기회가 있는지 정확하게 제공되지 않고 있어 답답한 상황이다.

당연히 취업준비생들의 목표의식도 흐려져 있다.

취업을 위한 도전과 노력도 모호하게 흘러가고 있다.

취업관련 모든 사항이 반감되는 모습을 보이고 있다.

사회여건 때문에 기회가 대폭 줄었다고 이야기한다.

그런 분위기이지만 그래도 줄어든 기회라도 잡으려 해도 알려주는 곳이 없다.

언제쯤 돼야 취업시장이 활기를 띨 것인가?

지금은 어디쯤 와 있는지 알 수 있을까?

이런 내용들도 분명 중요하다.

아니 명확하게 알아야 한다.

헌데, 앞서 더 중요한 문제가 있다.

자기 자신에 대한 중심잡기가 더 필요하다.

어렵게 취업이 결정된 친구가 있었다.

근 2년을 노력하고 기다려온 결과라 매우 흡족해했다.

그러나 최종 입사를 하지 않았다.

근무지역의 문제로 스스로 취업을 반납하였다.

수도 없이 취업 실패를 겪고 난 후 중견기업에 취업을 한 친구가 있었다.

이제 어떤 일이라도 할 수 있는 자신감이 넘쳐흘렀다.

그럼에도 불구하고 이 친구도 근무를 포기하였다.

일부 소소한 직무문제로 부모님의 의견을 따르기로 했기 때문이다.

취업에 관해 실패와 성공을 오가며 나름대로 식입을 찾는 친구가 있었다.

실패와 함께 취업성공도 하였기에 나름대로 방향성은 잡고 있었다.
문제는 주변과 끊임없는 비교분석으로 결론을 내리지 못하고 있다.
높아가는 눈높이 때문에 진정 자신을 위한 취업인지도 흐려져 가고
있다.

도대체 취업은 누구를 위해 해야 하는가?
분명 나를 위한 것이라고 모두가 항변할 것이다.
그러나 현실은 전혀 그러하지 못하고 있다.

내가 아닌 부모님의 의견을 수용해야 하기에 전전긍긍한다.
친구와 비교하다 보니 나름 더 높은 곳을 지향해야 하는 문제가 생긴다.
지역적인 문제, 연봉의 문제, 직무에 대한 문제, 추천인의 과도한 기
대문제 등으로 생각지도 않게 취업의 배가 산으로 올라가고 있다.

지금이라도 늦지 않았다.
모든 문제를 나에게 맞추어야 한다.
세상의 중심은 나를 중심으로 펼쳐져야 한다.
의견의 조율은 있을 수 있되 모든 key는 내가 쥐고 있음을 잊지 말아
야 한다.

우리는 끌려가는 삶에 익숙해져 있다.
유년기를 거쳐 학창시절로 이어지는 그 오랜 시간 동안 홀로서기와는
거리가 멀었다. 그저 잘 만들어진 각본에 따라 열심히 달려왔다.

내가 주도적으로 움직여 가는 교육을 받아 본 적이 거의 없다.

기존에 만들어 놓은 명문학교를 향해 맹목적으로 뛰었다. 내 의지와는 상관없이 주변의 강요에 따라 과외를 하고 학원을 다녔다. 어쩔 수 없이 흐름에 따를 수밖에 없었다. 정말 간절히 하고 싶어 친구 오토바이 한 번 타면 집안을 망치는 패륜아로 몰았다. 시키면 시키는 대로 해야 말이 없었다.

사회진출을 해야 하는 시기가 도래되었지만 소신을 펼칠 수 있는 준비가 거의 안 되는 수준에 있게 된 것이다.

도대체 어떤 준비를 했어야 했는가?

Puzzle 게임!

유년시절에 한두 번은 접해 보았던 게임이다.

사각 판 안에 들어 있는 그림조각들을 바닥에 쏟아 놓고 꿰맞추는 놀이를 시작했다. 가장자리부터 맞추어 나가다 마지막 한 조각을 딱 맞추면 완성되어 칭찬을 받았다.

기존 룰에 따라 즐기는 이런 퍼즐게임 때문에 사고가 경직되고 미래를 보는 시각이 멈추어 버리는 것을 간과했다. 진정한 Puzzle 게임은 사각 판 안에 퍼즐조각들을 바닥에 쏟아 놓는 순간 사각 판은 없애야 했다.

널려진 조작들을 이제 마음껏 자기 마음대로 맞추며 정해지지 않은 모양을 새롭게 만들어 내야 했다.

원래의 게임은 오로지 한 가지만을 만들어 내는 작업이지만 사각 판을 버리고 정형화된 틀을 벗어던지면 수많은 모양을 조합해내는 작업으로 업그레이드된다.

똑같은 모양을 2번 만들어 낼 수 없는 혁신의 게임으로 발전해 간다.

사회진출, 취업에 임하며 이런 혁신의 게임이 필요했다.

사회진출이라는 일생일대의 초대형 게임을 하며 내가 중심이 되는 게임을 하지 못한다면 이는 두고두고 후회할 일로 남게 될 것이다.

주변에서 도움을 주고 지켜보는 사람들을 위해 취업을 하는 게 아님을 분명히 해야 했다. 그렇다고 그들과 대척점을 만들어가며 자기 고집만을 내세우라고 압박하는 것은 아니다.

이제 진정한 사회인으로 출발하고자 하는 사람에게 가장 기본이 되는 마인드 설정은 "나 자신을 위한 취업도전 수립"임을 다시 한번 강하게 어필해 본다.

✎ 덤으로 생각하기

● 세상의 중심은 항상 나였음을 인지하고 자각하기

저자 약력

서시영

s2939@naver.com

경희대학교 영문과 졸업. 고려대학교 경영대학원 마케팅 석사수료.
현 이노컨설팅 대표, 한국취업컨설턴트협회 공동대표로 마케팅 교육과 사회진출 교육을 병행.
효성그룹, 한화그룹, LG그룹 등 사회생활의 반을 대기업 속에서 지내며 항상 혁신으로 조직과 맞서 왔던 인물이다. 외롭고 힘든 싸움을 전개하며 많은 것을 잃었지만 또 새롭게 많은 것을 얻게 되었다. 사회생활 나머지 반을 중소기업 창업과 경영 그리고 강의에 전력을 다하고 있다.

우리나라 기업교육의 산실인 한국생산성본부 등에서 10여 년 동안 5,000시간 강의와 연간 200개 이상의 기업과 마주했다. 대학교강의도 비슷한 기간 동안 2,500시간 강의로 많은 젊은 청춘을 사회에 진출시켰다. 현장 속에서 부딪치며 안게 된 굴곡진 내용들이 반추되는 안타까운 상황을 직시하게 되었다. 그동안 미루었던 숙제를 끝내는 심정으로 출간기획에 발을 들여 놓았다. 새로운 도전이 시작됨을 알리는 순간이다.

공짜로 취업에 성공하기

초판발행   2022년 5월 23일

지은이   서시영
펴낸이   안종만·안상준

편 집   김민조
기획/마케팅   정연환
표지디자인   이영경
제 작   고철민·조영환

펴낸곳   (주)**박영사**
             서울특별시 금천구 가산디지털2로 53, 210호(가산동, 한라시그마밸리)
             등록 1959. 3. 11. 제300-1959-1호(倫)
전 화   02)733-6771
f a x   02)736-4818
e-mail   pys@pybook.co.kr
homepage   www.pybook.co.kr
ISBN   979-11-303-1558-4 93320

정 가   17,000원